GET LUCK

運の方程式

鈴木祐

チャンスを引き寄せ
結果に結びつける
科学的な方法

アスコム

ON YOUR SIDE

はじめに――人生はどこまで〝運ゲー〟か？

人生の成功を左右する最大の要因とは？

人生の成功には何が必要なのか？

そんな興味は昔から絶《た》えず、科学の世界でも多くの研究が行われてきました。収入が多く、高い地位につき、仕事でも大きな業績をあげ続ける。そんな成功者には、どのような秘密があるのでしょうか？

その答えは研究者によって異なり、難しいタスクをやり抜く能力、失敗に負けずに成長を目指すマインドセット、感情のコントロールや共感力といった説が存在。いずれの考え方も、膨大《ぼうだい》なデータをもとに「これぞ成功の秘密だ」と主張し合い、説得力ある議論を展開しています。

ところが、近年になって、おもに経済学やリスク分析の分野から、人生の成功に関する新たな見解が提案されはじめました。それは、次のようなものです。

「私たちの成功は、大半が能力よりも〝運〟で決まる」

生まれつきの知性やコミュニケーションスキルといった個人の能力も重要ではあるものの、それより**予期せぬ幸運のほうが人生への影響は大きい**というのです。

確かに、運の重要性を感じていない人は少ないでしょう。

何げなく応募した懸賞《けんしょう》に当たったり、たまたま手にした情報が仕事に結びついたり、困ったときに助けてくれる人が現れたりと、誰もが運に助けられたことはあるはずです。適切なタイミングでチャンスに恵まれなければ、どれだけ努力をしようが、どれだけ才能に恵まれようが、大きな成果を出すのは困難でしょう。

運の力を信じる著名人も多く、たとえばビル・ゲイツは、裕福な家庭に生まれたアドバンテージを活《い》かし、私立の名門男子校レイクサイドスクールに入学。同校は1968年の時点でコンピュータを取り入れた先進的な教育で知られ、ここでプログラミングを学んだゲイツは、誰よりも早くソフトウェアの重要性を認識することができました。

さらに、マイクロソフトを立ち上げたゲイツは、自身の母がIBMの会長と交友があった幸運にも恵まれ、当時はまだ零細だったベンチャーにもかかわらず、大型の契約を結ぶまでに至ります。ゲイツ本人も、これらの機会がなかったら、「マイクロソフトはこの世に存在していなかった」と発言しており、才能や努力と同じぐらい幸運の重要性を認めているようです。

同じように、グーグルの創業者セルゲイ・ブリンとラリー・ペイジは、90年代に自分たちの会社を100万ドルで身売りしようとするも、幸いにも取引先のエキサイト・コムと同意に至らず決裂。おかげで2人が生んだネット検索の技術は独自性を保ち、その後、グーグルが帝国を築いたのは有名な話でしょう。なかには己の才覚を誇る著名人もいるものの、**少なからぬ成功者が運の重要性を認めている**ようです。

〝人生〟という名の運ゲー

「そんなことを考えても無駄ではないか？」

そう思った人も多いでしょう。そもそも〝運〟とは、意志や努力ではどうにもできない偶然の出来事を意味するはず。いくら人生は運が大事だと言っても、コントロールできないことを考えても無意味ではないか？　そう考えるのが普通です。

事実、周囲を見渡せば、世の中は「どうにもならない運」であふれています。代表例を見てみましょう。

◉あなたの収入の半分は生まれた国で決まる

経済学者ブランコ・ミラノヴィッチらが１１８カ国の収入レベルを調べた研究によれば、世界における収入格差の約半分は、その人が住んでいる国と、その国の所得分布で説明がつきます(1)。当然、**先進国に生まれたほうが年収は高く**、それ以外では年収が低くなります。

◉あなたの収入と満足度はルックスに影響される

生まれつき見た目がいい人は、総合的に見て収入と人生の満足度が高い傾向があります。経済学者のダニエル・ハマーメッシュらの調査では、ルックスがいい者ほど収入が高く、平均で美女は8%、美男は4%ほど平均的な見た目の人たちより稼ぎが良かったとのこと(2)。逆にルックスが下位15%と判断された女性は、平均的な見た目の女性より収入が4%低く、男性の場合は同じ数値が13%も低下しました。同時に、美男美女の55%は「人生に満足だ」と答えたのに対し、見た目が下位にランクされた人たちの数値は45%にとどまっています。

◉あなたの収入と地位は生まれつきの数学力で決まる

約5000人のアメリカ人を対象にした研究では、**子供のころに数学の成績が良かった者ほど、35年後に地位と収入が高い**傾向がありました(3)。具体的には、13歳の時点で数学の成績が上位1％だった人は、35年後に有名な学者やＣＥＯになる確率が高く、数学が苦手な人より４００％も業績が高かったそうです。同じような現象は世界中で確認されており、人生の成功に数学の能力が及ぼす影響はかなり大きいと言えるでしょう。

◉あなたの地位には生まれ月が影響する

上海交通大学などのチームは、中国で働くＣＥＯを対象にした調査で、3月か4月生まれの者の23・2％が成人後に企業のトップになったのに対し、6月や7月生まれでＣＥＯになった者は12％だったことを明らかにしました(4)。

このような現象が起きるのは、中国の小学校は9月が入学シーズンなので、6月や7月生まれの子供は、ほかの月に生まれたクラスメートよりも就学時にやや幼いからだと考えられます。小学生の年代では1年の差が大きな能力の差につながるため、夏生まれの子供は、どうしても学校生活では不利な状況に置かれるからです。そんな体験が大人になっても尾を引き、最後は**ＣＥＯの就任率の差として現れる**のです。

◉あなたの名前が人生の成功に影響する

あなたが生まれ持った名前も、人生に影響を与えます。ニューヨーク大学などの実験では、ランダムに選んだ弁護士500人の名前の発音しやすさと好感度を評価するように参加者へ指示。このデータを分析したところ、弁護士の成功の約1・5％は、名前の発音のしやすさが影響していました(5)。

この現象は、大半の人は読みやすい名前を好むため、**無意識のうちに発音しやすい名前に好感を持つ**のが原因だとされます。あくまで小さな差ですが、親がつけた名前によって人生の成功に有意差が出てしまうのは、やはり注目すべきポイントだと言えるでしょう。

〝運ゲー〟にも攻略法はある

個人の力ではどうにもならない〝運〟の事例を、いくつかご紹介しました。ルックスや生まれ月といった要素は努力で変えようがないにもかかわらず、あなたの人生に大なり小なりの影響を及ぼします。

このほかにも、人生の成功を左右する〝運〟は山のように存在し、持ち前の性格、運動能力、両親の学歴など、すべてを数え出したらきりがありません。やはり人生は〝運ゲー〟だと言えるでしょう。

ですが、あきらめるのは早計です。ありがたいことに、近年では〝運〟を科学の視点から見た研究が進み、**良い偶然を引き寄せる方法がわかってきました。**人生が〝運ゲー〟の一種なのは間違いないとはいえ、特定のスキルさえ身につければ、ゲームを有利に進めることは不可能ではないのです。

もちろん、占いやスピリチュアルのたぐいではありません。ここ十数年、ハートフォードシャー大学の心理学部、ロンドン・スクール・オブ・エコノミクスの社会学部といった一流機関のチームが「運をつかむ方法」の科学的な調査に取り組み、一定の成果をあげています。世界有数の学術機関であるプリンストン高等研究所などは、内部に「ラックラボ」なる専門の調査機関まで創設したほどで、いかに〝運〟の研究が注目を集めているかがおわかりいただけるでしょう。科学の力で運を良くできるのなら、その知見を使わない手はありません。

それでは、これらの機関は、〝幸運〟のメカニズムについてどう考えているのでしょうか？

研究者によって微妙な違いはあるものの、おおかたの見解によれば、「運のつかみ方」は次のようにまとめられます。

「幸運＝（行動×多様＋察知）×回復」

詳しくは次章から確認しますが、この方程式は、最新の〝運〟研究から得られた知見を、筆者が統合したものです。本書では、この式をベースに、運をつかむために必要なスキルを伸ばす方法をお伝えしていきます。

この本の使い方

この本では、運をつかむのに必要な能力を、行動力、察知力、継続力、回復力の4つに分類し、それぞれを鍛えるトレーニング法をいくつも紹介します。どこから取り組むかはあなたの自由ですが、なかには**「トレーニング選びのガイドラインが欲しい」**と思う人もいるでしょう。

そんなときは、はじめに現在のあなたが持つ能力のレベルを見極め、自分に足りない要素を強化できそうなトレーニングから取り組んでみてください。運の方程式を使いこなすには、**いまあなたが得意なことよりも、苦手なところを改善することです。そのほうが、運をつかむ能力は格段に上がります。**

そこで、まず使ってほしいのが、「幸運スキル診断」です。これは24の質問で構成されたテストで、すべてに答えることで運をつかむ能力の高さを判断できます。

テストを行う際は、以下の文章を読みながら、自分に当てはまるかどうかを7段階で採点してください。「まったく当てはまらない」なら1点で、「完全に当てはまる」なら7点です。

幸運スキル診断

		点数
1	なんの役に立つかわからなくても、興味を感じたらやることが多い	
2	新しい体験ができるチャンスを、いつも探している	
3	自分がどのようなものに興味や関心を持ちやすいのか理解している	
4	親密でない相手とでも、幅広いつながりを維持する	
5	あまり親しくない人でも、依頼やお願いができる	
6	年齢や性別、考え方にかかわらず、幅広い人間関係を築いている	
7	周囲から「細かいことによく気づく」と言われる	
8	仕事でもプライベートでも疑問を持ち、他人に質問することが多い	
9	小さなことでは不安になりにくい性格だ	
10	後ろ向きな気持ちを前向きに切り替えるのがうまい	
11	自分が間違っている可能性をつねに疑っている	
12	自分と意見が異なる相手にも優しくいられる	
13	手間がかかることでも、あきらめず続けられる	
14	面倒に思っても、途中で物事を投げ出すことは少ない	
15	問題が起きたとき、そこから逃げたい衝動を抑えられる	
16	うまくいくかわからなくても、とりあえず始める	

幸運スキル診断

17 やりたいことであれば、失敗の可能性があっても挑戦する

18 何かをしようとするとき、不安に感じることであってもそれに取り組むことができる

19 困難にぶつかったときは、新しい手段や方法を探す

20 何かに取りかかるとき、「自分次第できっとできる」と考える

21 物事がうまく進まなかったときは、淡々と原因を検証する

22 普段のやり方でうまくいかないときは、やり方を工夫する

23 目標を達成できないときは、すぐに違うゴールを探す

24 自分の「強み」をよく理解できている

採点方法

以上の24問は、それぞれ次の能力に対応しています。
各質問につけた点数を合計してみてください。

行動力：質問1〜6 **合計**　　**点**

察知力：質問7〜12 **合計**　　**点**

継続力：質問13〜18 **合計**　　**点**

回復力：質問19〜24 **合計**　　**点**

まったく当てはまらない ＝1点
ほぼ当てはまらない ＝2点
どちらかというと当てはまらない ＝3点
どちらとも言えない ＝4点
どちらかというと当てはまる ＝5点
ほぼ当てはまる ＝6点
完全に当てはまる ＝7点

この本の使い方

このなかで、**もっとも合計点の低かったものが、いまのあなたに足りない能力**です。もし「行動力」が足りないなら1章、「察知力」が低いときは2章、「継続力」に問題があるなら3章、「回復力」が不十分な人には4章のトレーニングが、それぞれ役に立つでしょう。もし各能力の合計点が同じだったときは、ひとまず1章から取りかかってください。

特定のトレーニングを決める際は、まずはひとつの章をざっと読んだうえで、ピンと来たものを選んでもらえれば問題ありません。あなたが「やってみたい」と思うものが見つかったら、ひとつのトレーニングを最低でも3～4週間ほど続け、そのあとで再び「幸運スキル診断」を行って各能力に変化が出たかをチェックしましょう。この作業のくり返しにより、**すべての能力を高めるのがこの本のゴール**です。

ちなみに、本書の終章では、「迷走力」という別の能力も取り上げています。これは、あなたが一定の幸運に恵まれたあとで使う能力なので、ひとまずは置いておいても構いません。最初は1章～4章のトレーニングに注力し、人生でなんらかのゴールを達成したあとは、終章のテクニックも取り入れてみてください。

運の方程式　目次

1章　ワールドマップを探索する——幸運＝（行動×多様＋察知）×回復

2章　攻略のヒントに気づく
――幸運＝（行動×多様＋察知）×回復

4章　コンティニューをくり返す　――幸運＝（行動×多様＋察知）×回復

終章　別のゲームを始める　――幸運＝（行動×多様＋察知）×回復

おわりに――〝運ゲー〟をイージーモードに切り替える

※本書の情報は、2023年1月5日現在のものです。
※（数字）は巻末に記載している参考文献の番号です。

序章

〝運〟のアルゴリズムを学ぶ

――幸運＝（行動×多様＋察知）×回復

人生は　与えられたカードでの
真剣勝負
『ポケットモンスター　ブラック・ホワイト』より

世界の金と地位の44％は、幸運な2％の人間に独占される

「はじめに」では、人生において運が重要なのは間違いないものの、そこには明確な攻略法が存在する事実をお伝えしました。そこで本章では、**運をつかむための方程式**を確認し、人生という〝運ゲー〟に立ち向かうための見取り図を示していきます。

方程式の中身を詳しく見る前に、〝運〟が人生に及ぼす影響力を、もう少しチェックしておきましょう。

いかに人生が運ゲーだとはいえ、その影響力を正しく把握できないと、攻略法をうまく使うことはできません。RPG（ロールプレイングゲーム）でモンスターがアイテムを落とす確率をつかんでおいたほうが、ゲームを有利に進めやすいのと同じです。

はたして、私たちの人生は、どこまで運に左右されるのでしょうか？

まず前提として、人生における運の貢献度をどう考えるかについては、識者によって結論が大きく異なります。

たとえば、教育心理学者のジョン・D・クランボルツは「キャリアの成功は8割が偶然で決まる」と主張し(1)、東京大学大学院元教授の矢野眞和《やのまさかず》は「所得は素質と運と努力の組み合わせで決まり、全体の6割ほどに運が影響する」と試算(2)。カターニア大学などのチームは、ビジネス界の成功例を調べたうえで「企業の業績を左右する運の割合は約30%」と見積もっています(3)。やはり運の影響度を見積もる作業は、一筋縄ではいかないようです。

とはいえ、数値を統一するのが難しいとしても、運の重要性そのものは、簡単な計算でシミュレートできます。

一例として、「もし成功の95%が能力で決まり、5%が幸運に影響されたら?」と仮定した場合に、どのような展開になるかを見てみましょう(4)。

このとき、世界中のすべての人が0から100のあいだで一様に分布する能力を持ち、同じように幸運も0から100のあいだで一様に分布するとします。そのうえで、任意の参加者を競わせると、結果はこうなります。

◉競争相手が1000人だと、もっとも能力の高い人が約55%の確率で勝つ
◉競争相手が10万人だと、もっとも能力の高い人が勝つ確率は13%以下になる

ライバルが1000人程度の状況では、もっとも高い能力を備えた者の勝率は、2分の1をやや上回るレベルに落ち着きます。最高の能力を持っているにもかかわらず、その勝率は、コイン投げの結果とさほど変わらないわけです。

ライバルの数が増えると能力の重要性はさらに下がり、競う相手が10万人を超えた場合は、最高の能力を持った人でもほぼ勝利が望めないレベルになってしまいます。あくまでシミュレーションの数字ですが、運の重要性を5%にしか設定していないにもかかわらず、ここまで能力の影響が下がってしまうのには驚かされます。

とくに、テクノロジーが進んだ現代では、競い合う相手の数が1000を超すケースは珍しくありません。5%の設定でもここまでのインパクトがあるのなら、現実の世界では、さらに運の影響が大きく出ても不思議ではありません(5)。

もうひとつ、経済学者のアレッサンドロ・プルチーノらが手がけたシミュレーションも見ておきましょう(6)。

研究チームは、コンピュータ上に1000体の人物モデルを作り、それぞれの個体に、知性、社交スキル、モチベーションの有無、決断力、創造性、感情知性などの数値をランダムに設定。各モデルの人生には、半年ごとに良い出来事か悪い出来事がランダムで起き、不運に見舞われたモデルの成功率は半分になり、幸運に遭遇した場合は、個体の才能に応じて成功率が増えるようにデザインされています。

それから人間の40年に相当する時間をシミュレートしたところ、次の結果が得られました。

◉たった20人の個体が、「成功」の総量の44%を独占した
◉全体の50%の個体は、「成功」レベルが初期値のままだった

最初の時点ではみな同じレベルの財力と地位があったにもかかわらず、40年後には、わずか2%の個体が全体の4割に近い富と権力を牛耳っていたわけです。

もちろん、以上はシミュレーションの結果ですし、生まれつきの才能を固定値にしている点にも不満が残ります。より良い知見を得るには追試が必要ですが、一方では、この結果が現実のデータと符合《ふごう》するのも事実です。

経済学者のトマ・ピケティらが運営する「世界不平等研究所」の調査によれば、2021年の時点で、世界の個人資産の37・8%を上位1%の超富裕層が保有し、下位50%の層の資産占有率は2%にすぎません(7)。資産の偏《かたよ》りは年ごとに加速を続けており、現代では、**世界の最貧困層の半分と同じ富を、わずか8人の男性が所有している**との指摘もあるほどです(8)。

大ヒットの発生時期は本質的にランダム

念のため、現実の世界で運の影響を調べた、中央ヨーロッパ大学などのデータも確認しておきます(9)。

研究チームは、映画、小説、音楽、科学などの分野から、それぞれのジャンルを代表する有名人を選び、全員のキャリア遍歴を調べました。調査の対象になった人物は、ジョージ・ルーカスやフランク・シナトラ、マイケル・ジャクソン、アガサ・クリスティなど、各界を代表する有名人ばかりです。

この研究の目的は、ランダム性と個人の能力が、〝ヒット作の誕生〟にどう影響するかを割り出すことでした。具体的には、『スター・ウォーズ』や『マイ・ウェイ』、『スリラー』といった作品の歴史的な成功が生まれた時期を数理モデルに落とし込み、キャリアでもっともインパクトの大きい仕事が世に広まったタイミングを分析し、個人の才能だけで大ヒットの誕生時期をどこまで説明できるのかを調べたわけです。

分析の結果を、簡単にご紹介します。

◉大ヒットの発生時期は本質的にランダムであり、「売れる作品はいつできるのか？」や「大きな発見はいつ生まれるのか？」はまったく予想ができない

◉キャリアの初期にヒットが生まれるのか、それとも人生で最後の作品がヒットするかどうかも完全にランダムであり、作品を発表するタイミングからヒットは予測できない

◉ランダム性はすべての分野で同じような効果を持ち、その役割は、個人の能力やスキルがもたらす影響よりも大きい

ヒット作が生まれるプロセスにおいては、個人の能力よりも偶然の影響のほうが大きく、成功のタイミングは誰にも予測できません。有名なプロデューサーがたまたま知り合いだったり、新しく開発された撮影技術をたまたま使うことができたりと、**大ヒットの背景には必ずなんらかの運が存在している**からです。

確かに、歴史を振り返れば、誰もが認める実力を持ちながらも、不運のせいで栄光を逃した天才のエピソードには事欠きません。

グラハム・ベルにわずか2時間遅れで特許を申請し、電話の発明者としての称号をつかみそこねたイライシャ・グレイ。

「原子番号」の概念《がいねん》を発見してノーベル賞受賞を確実視されるも、第一次世界大戦で命を落としたヘンリー・モーズリー。

世界最高レベルの研究を行ったにもかかわらず、フランス科学アカデミーが論文の

提出を忘れたせいで、誰にも業績を知られずに病死した数学者ニールス・アーベル。

いずれも世界レベルの才能に恵まれたにもかかわらず、偶然のいたずらで栄光をつかみそこねた天才ばかりです。ちょっとした運命の行き違いによって、成功と失敗の境界はいかようにも揺らぎます。

459回のチャレンジで成功率は99％まで上がる

人生に運が与える影響を理解したところで、運の方程式を構成する要素を、それぞれ詳しく見ていきましょう。

「はじめに」でお伝えした運の方程式とは、次のようなものでした。

「**幸運**＝（**行動**×**多様**＋**察知**）×**回復**」

まずはじめの**「行動」**は、あなたが人生のなかで実行した、具体的なアクションの量と質を意味します。

「人生の幸運は試行回数で決まる」といったフレーズを耳にしたことがある人は多いでしょう。良い運をつかもうと思ったら、人生におけるチャレンジの回数を増やすしかない、という考え方です。

このアドバイスの正しさは、簡単な計算で確認できます。

あなたが、成功率が1％しかない難しい仕事に挑んだとしましょう。1回のチャレンジではまず成功など見込めない数字ですが、もし失敗したとしても、試行回数を増やすごとに確率が少しずつ変わります。

具体的には、2回めの試行で成功率は約2％に増加（99％×99％＝98・01％）。その後もチャレンジをくり返すごとに数字は増え、試行回数が100を過ぎたあたりで63・3968％を超え、459回めで99％にまで達します。ここまで来れば、逆に失敗するほうが難しいでしょう。シンプルな計算で得られた数値ですが、それだけに力強い結論だと言えます。

ただし、いくら試行回数が大事だといっても、むやみにチャレンジを増やすのが最善ではないことも容易に想像がつくはずです。

たとえば、年末ジャンボ宝くじで1等が出る確率は2000万分の1ですから、「試行回数を増やせばいい」と信じて買い続けたところで、まず大儲けは期待できません。それならば、BIG（1等の当選確率約478万分の1）やtoto（同約160万分の1）などに賭けたほうがまだましでしょう。

シンプルな試行回数が人生の成功に結びつきにくい事実は、カイザースラウテルン工科大学などの研究でも確認されています(10)。これは世界15カ国から集めた6000人以上のアスリートを対象に行われたメタ分析で、**「スポーツの世界で成功するには、小さなころからひとつの競技に特化すべきか？」**というテーマを調べたものです。

トップレベルのアスリートは、はたして幼少期から特定のスポーツに取り組んできたのでしょうか？　それとも、子供のころはさまざまなスポーツを試し、そのうえでひとつの種目に絞り込んだのでしょうか？

ご存じのとおり、幼いころから特定の種目にコミットし続けたアスリートは少なくありません。

2歳からゴルフを始め、8歳でジュニア世界選手権を制覇したタイガー・ウッズ。

3歳9カ月から卓球のラケットを握り続けた福原愛《ふくはらあい》。4歳からフィギュアスケート一本で技術を磨いた羽生結弦《はにゅうゆづる》。こうしたトッププレイヤーの存在は、特定の種目で試行回数を重ねることの重要性を表しているように見えます。

ところが、分析の結果は違いました。実際には、世界レベルのアスリートほど、10代のうちに複数のスポーツに時間を使い、ひとつの種目に狙いを定める時期が遅かったのです。

逆に、子供のころから特定の種目に絞った選手は、ジュニアレベルでは成功を収めやすかったものの、成人後にはトップになれない傾向がありました。

幼いころからの英才教育は、どうやら長期的な成功に結びつきにくいようです。

トップアスリートほど複数の種目を経験していた理由は、大きく3つあります。

❶ 複数の種目を体験することで、メンタルが燃え尽きにくくなる

❷ いろいろな種目を試せるおかげで、自分の才能を見極めやすくなる

❸ 多彩な経験を積むことで、複数のスキルが身につく

ひとつのスポーツに打ち込めば練習時間を長く取れるものの、そのぶんだけ気分の切り替えは難しくなります。と同時に、自分の才能がほかでも通じるのかどうかも検証できませんし、さらにはライバルが新たな戦術や攻撃法を編み出してきた際に、うまく対応できなくなってしまうのです。

一方で、複数の種目を経験しておけば、自分の才能に適した競技を選びやすくなるうえ、いろいろなスキルが身につくおかげで予期せぬ変化への対応力も上がり、練習のバリエーションが増えたことによってバーンアウト（燃え尽き症候群）も防ぐことができます。競技によって違いはあるものの、**子供時代にさまざまなスポーツを経験したほうがよい**のは間違いないでしょう。

言われてみれば、小さなころに複数のスポーツに取り組んだトップアスリートも多く、幼少期から野球とバスケットボールに取り組んだマイケル・ジョーダンや、子供時代に柔道を学んだジネディーヌ・ジダンなどの名前がすぐに浮かびます。タイガー・ウッズのようなタイプは少数派で、実際には、特定の種目に絞って試行回数を増やすのは得策でないようです。

すでにお気づきのとおり、ここまで述べてきたのが、運の方程式におけるふたつめの要素である**「多様」**です。

昨日は通じたスキルや知識が明日には陳腐《ちんぷ》化《か》する現代において、多彩な体験が役に立つのは当然の話。私たちは、ともすればひとつのことに打ち込む人を持ち上げがちですが、試行回数の作用を十分に活かすには、同じことをくり返すのではなく、**チャレンジのバリエーションも増やさねばならない**のです。

イノベーションを起こす人ほど観察に時間を費やす

運の方程式をもう少し掘り下げましょう。

ここまで見てきたように、私たちが幸運を得るためには、はじめに試行回数を上げてチャレンジの総量を増やしつつ、複数のものごとに手を広げて多様性を広げていく必要がありました。

しかし、それだけではまだ「いろいろなことを試している人」にすぎません。行動の量を予期せぬ幸運に変えるためには、方程式の3つめの要素である**「察知」**が必要となります。

これは身の回りで起きる小さな変化に気づく能力のことで、試行回数によって呼び込んだ良い偶然を開花させる働きを持ちます。その大事さについては、ブリガムヤング大学のジェフリー・ダイアーらの研究がもっとも有名でしょう(11)。

研究チームは、過去に斬新《ざんしん》なプロダクトを開発した経営者や発明家たち約3500人にインタビューを行い、全員の仕事ぶりをチェックしました。参加者のなかには、サウスウエスト航空会長のハーブ・ケレハーやペイパル創業者のピーター・ティールといった著名なイノベーターも含まれています。

その結果わかったのは、次の事実でした。

「イノベーションを起こす人ほど観察に時間を費やす」

優れたイノベーターたちは、いずれも**身の回りに起きる小さな変化を察知し、それによって前例のない発明を生み出して**いました。

たとえば、インテュイット社の会長スコット・クックは、妻の日常に細かく意識を向け続け、家計簿を記入する際にはいつも機嫌が悪くなる事実を察知。この気づきをもとに家計簿ソフトを作ったところ、初年度に財務ソフト市場の5割を占める大ヒット商品となりました。

より近年のケースとしては、オデオという小さなIT企業が、社内だけで動作する短文のメッセージ交換ツールを作った事例も有名です。このツール、最初は技術者が遊びで作ったものでしたが、やがて会社の上層部は、社内における使用率が異様に高いことに気づきます。驚いた上層部は、ツールを新型のSNSとしてリリースすることを思いつき、かくして生まれたのがご存じ「ツイッター」です。

もしオデオ社が「社内で変なツールがはやっている」としか思わなかったら、ツイッターは世に出なかったかもしれません。たまたま従業員が作ったツールの影響力を察知できたからこそ、斬新なSNSを世に出すことができたのです。

データによれば、優れたイノベーターは、そうでない人よりも観察に1・5倍の時間をかけていました。**斬新な発明を生む人ほど身の回りの偶然に注意深く目を向け、そこで得た発見を幸運に変えられる**のです。

そして、行動・多様・察知という3つの要素を押さえたうえで、最後にもうひとつ欠かせないのが**「回復」**のスキルです。こちらは文字どおり失敗から立ち直る能力のことで、**挫折《ざせつ》の痛みからすみやかに抜け出し、再び新たなチャレンジに挑めるメンタリティ**を意味します。

運をつかむために回復力が大事なのは当然でしょう。

ひとつやふたつの失敗でめげていたら、幸運の大前提である行動量と多様性を増やすことができません。行動が増えなければ良い偶然が舞い込むこともなく、察知力を活かすチャンスも失われてしまいます。

言うまでもなく人生に失敗はつきものであり、**死ぬまでに一度も挫折を経験しない人とは、生涯で何もしなかった人**だけです。となれば、失敗を前提条件として受け入れ、回復力を養うしかありません。

世界の天才が口をそろえる〝幸運の秘密〟とは？

あらためて公式を確認しましょう。

「幸運＝（行動×多様＋察知）×回復」

運をつかむためには、はじめにチャレンジの総量を増やし、それと同時に行動の多様性を広げていくことで、複数の偶然が舞い込むための土台を作ります。そのうえで予期せぬ変化に意識を向けつつ、失敗から何度も立ち直ることで、たんなる偶然をポジティブな巡り合わせに変えるわけです。

このように分解してみると、運の方程式は、古今の賢人たちが示してきたアドバイスに限りなく近いことがわかります。

古代ローマの哲学者セネカは、いまから２０００年以上も前に「幸運は準備と機会が出会ったときに起こる」と主張し、発明王のトーマス・エジソンも、「幸運はチャンスと準備が一致したときに実現する」との言葉を残しました。両者とも準備の重要性を強調している点は同じです。

さらには、ニュートリノ天文学でノーベル賞を受けた小柴昌俊《こしばまさとし》の自著にも、似た言葉が認められます。

「たしかに、わたしたちは幸運だった。でも、あまり幸運だ、幸運だ、とばかり言われると、それはちがうだろう、と言いたくなる。幸運はみんなのところに同じように降り注いでいたではないか、それを捕まえられるか捕まえられないかは、ちゃんと準備していたかいなかったかの差ではないか、と。」

ここでもまた、**準備の重要性**が強調されています。あくまで個人の体験談ながら、古今東西の天才たちが同じ結論に至っている事実は、やはり注目に値するでしょう。

しかし、惜しむらくは、彼らの言葉からは、〝準備〟の詳細がわからないところです。幸運は準備の産物だとは理解できても、いざ何をすればいいのかと言われたら、途方に暮れる人がほとんどでしょう。天才の思考には独特の飛躍がつきもののため、おいそれと私たちがトレースできるものではありません。

その点で、運の方程式は、私たちに〝準備〟の青写真を与えてくれます。難しい数学の問題も特定の式を使えば簡単に解けてしまうのと同じく、〝運〟という得体の知れない現象も一気に視野が開けるはずです。

とはいえ、いかに有用なツールも実践できねば猫に小判。方程式を普段使いのテクニックにまで落とし込めなければ、「誰にも等しく降り注ぐ幸運」をつかむことはできないでしょう。

はたして、私たちは運の方程式をいかに使えばいいのでしょうか？

運をつかむためのロードマップ

運の方程式を使う方法をお伝えする前に、本書のロードマップを確かめておきましょう。人生という運ゲーをクリアするために、次の章からは、ＲＰＧの攻略法をメタファーにしつつ、以下の順でトレーニングを進めていきます。

1章　ワールドマップを探索する

はじめに、「行動量」と「多様性」というふたつのスキルを伸ばす作業から手をつけます。あなたが普段はやらないような活動の数を増やし、良い偶然が舞い込む確率を上げるためのトレーニングです。「行動量」と「多様性」は基礎体力に等しい要素であり、まずはここから手をつけて、予期せぬ偶然が起きる確率を上げていきます。ゲームになぞらえるなら、与えられたマップをくまなく探し回り、ダンジョンや宝箱を探す段階です。

2章　攻略のヒントに気づく

続くステップでは、あなたの人生に舞い込んだ偶然を察知するスキルを養います。たとえ1章で偶然の量を増やしても、この段階がないと幸運を得るまでには至りません。ＲＰＧで村人がヒントを話したのに、その事実をスルーしたような状態です。

3章　メインクエストに挑む

いざ良い偶然が舞い込んでも、それであなたの人生が改善しなければ、本当に幸運をつかんだとは言えません。そこで3章では、予期せぬ偶然の中身をさらに掘り下げ、長期的に人生を変えるためのスキルを養います。1章では行動の量を増やしましたが、ここでは行動の質を高めるのが目標です。

4章　コンティニューをくり返す

ゲームの世界では失敗が当たり前。目当てのアイテムが手に入らなかったり、ボスキャラとの戦いに敗れたりと、期待外れな結果に終わることのほうが普通です。この問題に対処すべく、4章ではゲームオーバーの痛みを乗り越え、再びプレイに戻るスキルを成長させます。失敗をネガティブにとらえず、次の運につなげるためのステップです。

やや抽象的なので、以上のロードマップを具体的な例でご説明します。

いま、あなたが転職活動の真っ最中だとしましょう。自分に向いた企業を探すべく、毎日のように求職サイトをチェックし、エージェントともコンタクトを取りますが、なかなかいい候補が見つかりません。

悩んだあなたは、学生時代の友人との旧交を温めたり、新しい副業をスタートさせてみたり、なじみのない同僚に話しかけてみたりと、新たな行動を増やすことにしました。本書のロードマップで言えば、「ワールドマップを探索する」に相当するフェーズです。

すると、やがてあなたに予期せぬ偶然が舞い込みます。数十年ぶりに旧友と連絡を取ったところ、過去の経験を活かせそうなプロジェクトの話が持ち上がったのです。それに気づいたあなたは、旧友から詳しい話を聞くことにしました。このフェーズは、2章の「攻略のヒントに気づく」に当たります。

もっとも、ここで話を聞いただけで終わったら意味がありません。偶然を幸運に変えるためには、旧友とのコミュニケーションを重ねつつ、プロジェクトに応募するための書類を作り、自分の適性をアピールするなどの行動が必要になります。運をつかむには相応の行動力が欠かせず、このフェーズは3章「メインクエストに挑む」と同じです。

その後、あなたはプロジェクトの面接に挑みますが、残念ながら先方との条件が合わず最初の顔合わせは失敗。その後も何度か交渉を重ねるも、なかなか折り合いがつきません。そこであなたは、プロジェクトに関わる範囲を変えたり、ポートフォリオを改善するなどして、違った方向から対応することにしました。このフェーズは、4章の「コンティニューをくり返す」に合致します。

かくして着実に運の方程式をたどったあなたは、ついにプロジェクトへの参加が決まり、予想もしなかったキャリアを進むことになったのです。

なんともご都合主義なストーリーのようですが、現実の世界でも、思わぬところで適職が見つかるケースはよく見られます。

たとえば、教育心理学者のジョン・D・クランボルツらが、成功したビジネスパーソンのキャリアを調べた研究では、参加者の人生におけるターニングポイントの8割には、本人が予想もしない偶然が関わっていました(12)。

ただの趣味が起業につながった、飲み屋で知り合った人物と始めた副業がヒットした、たまたま配属されたプロジェクトで仕事のおもしろさに目覚めた、前職のクライアントから新しい仕事を持ちかけられた——。

成功したビジネスパーソンの大半は、想像もしなかった偶然によってキャリアが変わり、その後の人生を大きく変えていたのです。

人生のターニングポイントの8割が本当に偶然で決まるかどうかはまだ議論があるものの、**幸運をうまくつかんだ者ほど良いキャリアを歩みやすい**のは間違いありません。

目的もなく世界を探索し続けるしかない

くり返しになりますが、**運の方程式に沿った行動を増やせば、人生という運ゲーの攻略は格段に楽になります。**幅広く世界を探索し続ける人は、その途中で役に立たない宝やアイテムを大量に見つけるでしょうが、同時に重要なイベントに遭遇する確率が上がるからです。

不確実性に満ちた人生で運をつかむには、明確な目的もないままに世界の探索を続け、予期せぬ偶然が起きるのを待つしかありません。

それでは、次章から実践に移りましょう。

1章

ワールドマップを探索する

――幸運＝（行動×多様＋察知）×回復

まずは　魔物たちと戦って
経験を　積むことだ

『ドラゴンクエスト』より

混沌《こんとん》を消し去ってはいけない

ＲＰＧを始めたプレイヤーがまず行うべきは、「世界の探索」です。村や城の住人から話を聞き、フィールドを歩き回り、ダンジョンに潜り込む。そこで得た情報をもとに探索の範囲を広げ、モンスターを倒してスキルを上げ、世界の謎を解き明かしていくのがゲームの醍醐味《だいごみ》でしょう。

現実においても話は同じで、何か新しいことを起こそうと思うなら、あなたが住む世界を探索する必要があります。ゲームと同じように、初めて出会う人と会話を重ね、見知らぬ場所へ出向き、新たなプロジェクトに関わり、多彩な経験を積んでいかねば、人生の攻略はままなりません。

ですが、ここで問題なのは、「探索に必要なスキルとは何か？」という点です。私たちが積極的に世界を探索し、良い偶然と出会う確率を高めるためには、いかなる技術を磨かねばならないのでしょうか？

問題の答えを探すべく、いったん遠回りをして、別の疑問について考えてみましょう。それは、**「天才に共通する性格とは何か？」**というものです。

2021年、ウィスコンシン大学などが、天才に特有のパーソナリティを調べる研究を行いました。研究チームは、過去に実施された天才にまつわる調査から13件をピックアップし、約8000人のデータでメタ分析を実施しています(1)。メタ分析は、過去に行われた複数の研究をまとめて大きな結論を出す手法で、ひとつのデータだけを参照するよりも精度の高い結論が得られます。

この調査が定義する〝天才〟とは、同世代の人間よりも知性が突出した存在のことで、数学や語学といった学問の成績はもちろん、斬新なアートを生む想像力、他者をまとめるリーダーシップ、哲学的な思考の深さなど、あらゆる知的ジャンルにおける能力の高さを問題にしています。

はたして、すべての天才に共通する性格とは、どのようなものだったと思われるでしょうか？

その答えは**「開放性の高さ」**でした。開放性はパーソナリティ研究の用語で、未知の情報にポジティブな興味を持ち、そのモチベーションを行動に移せるかどうかを示す性格を意味します。簡単に言えば、天才たちは、みな「好奇心」にあふれていたわけです。

その一方で、「人付き合いが好き」「不安になりやすい」といった性格は、いずれも天才とは関係がありませんでした。フィクションの世界では、「神経質で社交が苦手な天才」といったステレオタイプも見かけますが、実際に**天才と凡人を分けるのは好奇心の有無**だったのです。

好奇心と天才が結びつく点には、なんら不思議はありません。なんにでも興味を持って取り組めば、それだけ幅広い経験を得ることができ、難しい問題への応用力も高まります。ジャンルを超えた知識が身につくおかげで思いもよらない情報が結びつき、斬新な思考や表現が生まれる確率も上がるでしょう。

事実、好奇心に満ちた偉人の例はいくらでも見つかります。

量子電磁力学の基礎を築いた天才リチャード・P・ファインマンは、まだMITの学生だったころ、「小便は重力によって体から自然に出る」と主張する友人に対し、逆立ちをしても排尿ができることを自ら実践してみせて反論。その後も、研究を進めるかたわらで金庫破りの技術にも興味を持ち、ロスアラモス国立研究所に所属してからは、機密書類が入ったキャビネットを解錠する遊びをくり返しました。

さらに、アートにも関心を寄せたファインマンは、芸術家の友人から毎週のように絵画の手ほどきを受けたほか、趣味で始めたボンゴの演奏もプロ並みの腕前になり、演劇やバレエの公演のために劇場で演奏することもあったほどです。異文化への興味も強かったようで、学会で来日した際には片言ながらも日本語をしゃべったほか、主催者が用意した洋風のホテルを断り、地方の古びた和式旅館まで出向いたと言います。

晩年、自身の業績について尋ねられたファインマンは、こう答えました。

「ファインマンと聞いて思い出してほしいのは、僕が好奇心いっぱいの人間であったということ、それだけだ」

生涯にわたって〝おもしろさ〟を追求したファインマンは、心がおもむくままに科学とアートを横断しながら偉大な成果を残しました。まさに好奇心の怪物です。

同じく、シュールレアリスムを代表する芸術家のサルバドール・ダリも、好奇心に満ちた天才として知られます。最初は画家としてキャリアをスタートさせるも、ほどなく絵画を描くだけでは飽き足らなくなり、悪夢的なイメージを描いた実写映画『アンダルシアの犬』や、ディズニーと組んだ短編アニメーションを制作。キャリアの中期には、『隠された顔』と題した長編小説で貴族の退廃的な生活を描いたかと思えば、フィゲーラスにある劇場美術館や漁村に建てた自宅の設計も手がけています。その好奇心は晩年も衰えず、宝飾や家具のデザイン、チュッパチャップスのロゴデザイン制作などを引き受け、しまいには科学者を集めてディベートさせるイベントまで主催しました。

自らの行動原理について、ダリは次のコメントを残しています。

「大切なのは混沌を拡大することだ。混沌を消し去ってはいけない」

生涯にわたって多様な活動からフィードバックを得たダリは、それによって最期まで斬新な表現を生みました。得意分野にとどまらずにあらゆるジャンルに手を出し、混沌を拡大し続けることこそが、ダリの人生そのものだったのです。

独創的なことをすべきだ。群れを追ってはいけない

好奇心と天才の関係は、アートや科学の世界だけに認められるものではありません。近年は、ビジネスの世界でも好奇心の重要性が叫ばれるようになってきました。

その代表例が、アリゾナ州立大学などが行った調査です(2)。研究チームは、S&P1500社のデータから約4500人のCEOを選び、全員が関わった役職や産業の数などを調べたうえでふたつのグループに分けました。

❶ **ジェネラリスト：過去に複数の業界や企業にチャレンジしてきたCEO**

❷ **スペシャリスト：特定の業界や企業だけで経験を積んできたCEO**

その後、全CEOの業績を比較したところ、**結果はジェネラリストの勝利**でした。複数の業界や企業で多様な役職を経験した人は、スペシャリストに比べて稼ぎが19%も高く、この数字は年収換算で平均1億2000万円の差となります。まさにジェネ

ラリストの圧勝と言っていいでしょう。

ここまでの違いが生じた理由は、序章で見たアスリートのケースと同じです。

複数の企業で試行回数を重ねたCEOは、特定の業界にとどまったCEOよりも多彩な経験を積みやすく、それゆえに自然とバラエティに富んだスキルや知識が身につきます。さまざまな業種で働くうちに自身の得意と不得意への理解が深まり、持ち前の才能を活かしやすくなるのも大きなポイントです。

また、南カリフォルニア大学が行った調査でも、内部昇進より外部採用のCEOのほうが成績が良いと報告されており、特定の分野だけで試行回数を重ねることのリスクに警鐘を鳴らしています(3)。

このように、多様性の豊かな行動によって大きな成功を収めたのが、ヘッジファンドで1兆円超の資産を得たジェームズ・H・シモンズです。

幼いころから数学が好きだったシモンズは、大学で数学を学んだあと、アメリカ国家安全保障局で暗号解読の仕事に尽力するも4年で退職。再び学問の世界に戻ってハーバード大学で教鞭《きょうべん》をとりはじめたところ、今度は資産運用に興味が向かい、「ルネッサンス・テクノロジーズ」なるヘッジファンドの設立を決めます。ビジネス経験がゼロのまま起業を進めた彼に対し、周囲はみな失敗を予想しました。

しかし、シモンズはここから意外な行動に出ます。普通ならば専門のアナリストやエコノミストを雇って運用を始めるところを、物理学者、信号処理の専門家、天文学者、言語学者といった多彩な科学者を雇い入れたうえに、そこへ自分のキャリアで学んだ数学とコンピュータの技術を組み合わせ、オリジナルの運用モデルを作り上げたのです。

当然、そんな素人の運用モデルなど無用の長物だと誰もが思いましたが、現実はシモンズに大きな勝利をもたらします。ファンドの資産額は17年で6600万ドルから100億ドルにまで成長し、年間リターンの平均が39%という驚異的な数字を叩《たた》き出しました。

自身の成功を、シモンズはこう説明します。

「独創的なことをすべきだ。群れを追ってはいけない。そして、最大の指針は『幸運を願う』こと。それが一番大切だ」

確かに、ルネッサンス・テクノロジーズのように、太陽の黒点や月の位相《いそう》が市場に及ぼす影響や、パリの天気とマーケットの相関まで調べたヘッジファンドはほかにありません。これほどまでに飛び抜けた独創性は、シモンズが多様性のある行動を積まなかったら生まれなかったでしょう。

ファインマン、ダリ、シモンズ――。

活躍したフィールドこそ違えど、それぞれの天才は、みな自分の強烈な好奇心に従って成功を手にしました。

もちろんそれだけが原因とは言わないものの、生まれつき知能が高かろうが、生まれつき強い精神力を持とうが、好奇心という土台がなければせっかくの能力も発揮できません。自らの得意分野を超えたジャンルに興味を抱き、損得の勘定を超えて幅広いチャレンジを重ねなければ、どんな才能も活かされずに終わりかねないでしょう。

つまり、**真の天才とは、死ぬまで人生を探索できる人間**なのです。

うまくいくまで、うまくいっているふりをせよ

〝好奇心〟というスキルを身につけ、人生を探索し続けるにはどうすべきか？
その方法はいくつもありますが、最大のポイントは次の言葉に集約されます。

「うまくいくまで、うまくいっているふりをせよ（Fake it till you make it.）」

もし何者かに生まれ変わりたいと思うなら、その人物の思考と行動をまねすることで、やがて思い描いたとおりの人間になれる。そんな大衆知を端的に表した、英語圏では定番のフレーズです。

仕事ができる人間になりたければ、パフォーマンスが高い人の働きぶりをまねる。
スポーツがうまくなりたければ、その競技が得意な人のフォームをまねる。

このように、目指す人物の思考と行動を模倣してみた経験は、誰にでも一度はあるでしょう。なんの手がかりもなく自己の改善を図るよりは、明確なロールモデルがい

たほうが格段に成功に近づきやすいはずです。

ただし、このアドバイスが効くのは仕事やスポーツだけではありません。ここ数年の研究により、私たちの**好奇心もまた、「うまくいっているふり」で向上する**ことがわかってきたからです(4)。

この点については、南メソジスト大学の心理学者ネイサン・ハドソンらが、おもしろい実験を行っています。研究チームは、複数の大学に通う大学生を400人以上集め、それぞれに「自分の性格で変えたいところを考えてください」と指示。そのうえで、研究チームが事前に作っておいた「アクションリスト」のなかから、好きなものを選んで週に1~4つずつこなすように命じました。

このアクションリストには、参加者が行うべき具体的な活動が記されており、個人の要望に沿ったミッションが与えられます。

たとえば、社交的な性格になりたい人は「昔の友人に連絡する」「初対面の人に挨拶する」などのミッションを、陽気な性格を目指す人には「友人に心配事を相談する」「不安になったら深呼吸する」などのミッションを実行せねばなりません。

要するに、すべての参加者に対して、各自が望む性格をすでに手に入れたかのように振る舞わせたわけです。

そして4カ月後、参加者に興味深い変化が認められました。

ミッションを着実にこなした参加者ほど性格テストの結果が変わり、実際に本人が望んだキャラクターに変わったのです。

この結果について、研究チームは「自分が目指す行動を積極的に実行できれば、性格特性は変えられる」とコメントしています。

つまり、人生の探索スキルを身につけるには、〝好奇心〟を備えた人物のふりをし続ければＯＫ。この作業を何度もくり返すことで、少しずつ脳に新たな神経パターンが刷り込まれ、やがてあなたの内側に異なるパーソナリティが根づきます。

簡単に言えば、**〝好奇心〟はインストールできる**のです。

好奇心をインストールする50のアクション

私たちのなかに〝好奇心〟をインストールする際にも、先の実験と同じように特定の行動をくり返すのがベストです。南メソジスト大学のチームが開発した、具体的なアクションリストを紹介しましょう。

リストの使い方は簡単で、以下のリストのなかから好きなチャレンジを選び、週に1〜4つずつのペースで実践しましょう。最初はなんの変化も感じられないでしょうが、**日々のチャレンジを積むうちに、あなたのなかには確実に好奇心の芽が育ちます。**

また、このリストは、「幸運スキル判断」（12〜13ページ）で「行動力」の点数が低かった人ほど効果を得られます。「いつも同じことをしている……」「日常に変化がない……」といった感覚が強い人は、好奇心のトレーニングから試してみるのがおすすめです。

好奇心アクションリスト

1	海外のニュース記事を読む
2	最新の科学的発見や技術に関するニュース記事を読む
3	いままで見たことがない新しい映画を見る
4	いままで見たことがない新しいドラマを1話見る
5	新しいポッドキャストに登録して、最初のエピソードを聴く
6	人生の目標や価値観について5分間考えてみる
7	好きなレストランに行き、いままで食べたことがない新しい料理を試す
8	行ったことがない博物館や美術館を訪れる
9	自分とは異なる政治信条に関するニュース記事を読む
10	もしタイムトラベルができたら、どこに行って何をするかを5分間考えてみる

好奇心アクションリスト

11	空を飛べるとしたら何をするか、5分間考えてみる
12	少なくとも5分間の瞑想《めいそう》をする
13	いままで行ったことがない新しいレストランに行ってみる
14	読書会や詩の朗読会に行ってみる
15	目を閉じて好きな曲を聴き、その曲のどこが好きか、どんな気持ちになるかを数分間考えてみる
16	日常生活のなかで、まだ答えを知らない質問を書いてみる（例：「プラスチックは何でできている？」「トイレの水が流れるメカニズムとは？」）
17	アート作品を売っている店で気に入ったものを見つけて、その作品のどこが好きか、何を感じたかを考えてみる
18	普段は聴かない音楽のライブイベントに参加する
19	哲学的なテーマについて5分以上考える（例：「人生の意味とは何か？」「安楽死は道徳的に許容されるだろうか？」）
20	いままでやったことがない新しい活動を見つけ、それに挑戦する

好奇心アクションリスト

21 日常生活のなかで気になることを見つけ、その答えをネットで探す（例：「キリンの舌はなぜ紫色なのか？」「渋滞の先頭は何をしているのか？」）

22 行ってみたい場所や、そこでやってみたいことを5分間ほど空想する

23 新しい小説やノンフィクションを30分以上読む

24 アーティスティックな活動を20分以上する（例：絵を描く、彫刻をする、写真を撮るなど）

25 いままで行ったことがない新しい町の公園やショップを訪れる

26 何か新しいことに挑戦し（食べ物、イベント、アクティビティなど）、その新しい体験で気に入ったことを、寝る前に5分ほど振り返る

27 寝る前に、今日気づいたすべての美しいものを振り返る（「自然」のような物理的な美しさだけでなく、「友人関係」などの抽象的な美しさも含む）

28 自分の気持ちを5分間ほど日記に書いてみる

29 政治や外国に関するニュースを読み、そのことを友人に話して感想を聞く

30 美しいと思った人工物や自然の写真を撮ってみる

好奇心アクションリスト

31 最近知ったことを友人に話してみて、相手が興味を持ってくれれば、その話題について会話をする

32 その日に学んだ新しいことについて数分間ほど考えて、そのトピックについて答えを知りたいと思う質問をふたつ以上作る

33 生活のなかで理解できないことを考えて、その答えを調べる前に、可能性のある説明を最低でも5分間考える（例：「日焼け止めはどういう仕組みなの？」）

34 討論会を見て、双方の立場を理解しようとする

35 自然や芸術など、何か美しいものを見つけたら、友人でも他人でも、その場にいる人に伝える

36 友人に「人生の意味はなんだと思いますか？」と尋ねて議論をする

37 興味のあるテーマを見つけて、そのテーマについての講演会に行く

38 自分が知らないトピックについて知っている友人に質問して、そのトピックについて学ぶ（例：異なる専攻、異なる国、異なる種類の食べ物や活動など）

39 やってみたい新しい体験をリストアップして、そのうちのひとつを試す

40 地元のイベントを検索し、いままで行ったことがない新しいイベントに行ってみる

好奇心アクションリスト

41 友人と夢の内容について会話をし、自分の夢も共有する

42 友人と哲学的なテーマで議論して、自分の考え方を深めてみる

43 嫌いなアートや娯楽作品を探し、その作品の良いところを5分ほど考えてみる

44 読書会に参加して、自分が読んだことのない本について語り合う

45 友人や家族に人生について深い質問をして、その答えを理解しようとする

46 異なる文化を持つ友人や知人を見つけ、その文化について質問し、理解を深める

47 自分とは異なる意見を持つ人（政治、宗教、文化、趣味など）を見つけ、その人の意見を理解するために質問する（議論はしない）

48 物議を醸《かも》すようなトピックについて、ほかの人の考えを理解しようとする。相手と議論するのではなく、相手の考え方を理解しようとする

49 物議を醸すトピックについて自分の意見を考え、少なくとも5分は、自分ではなく反対の意見を持つ人がなぜ正しいのかを考える

50 物議を醸す話題について友人に意見を尋ね、素直に相手の考え方を理解しようとする

人間は無意識に新しいものを嫌う

好奇心のトレーニングを行う際の注意点にも触れておきましょう。

「好奇心アクションリスト」を実践する際には、ぜひ**「反新奇バイアス」**に気をつけてください。

反新奇バイアスは、無意識のうちに未知の体験や見知らぬ情報に嫌悪感を抱く心理メカニズムのことです。「新しいものごとに触れるのはいいことだ」と頭ではわかっていても、現実では昔と変わらない行動をくり返す人は珍しくありません。

◉経験がないジャンルの映画を見たいと思うが、気がつくといつもと同じようなアクション映画を選んでしまう

◉斬新な料理を食べたいと思ったのに、結局はいつものレストランの新メニューを頼んだぐらいで終わる

同じ経験に心当たりがある人は多いでしょう。いずれのケースも、知らず知らずのうちにあなたのなかで反新奇バイアスが発動し、意識できぬままに昔と同じ行動をとるよう誘導された結果と言えます。

このバイアスについては、心理学者のジェニファー・ミューラーらが行った実験が有名です(5)。

チームは200人以上の男女に「生地の厚みを自動で調整できるナノテクシューズ」という新発明のシューズの独創性を評価するように指示しつつ、IAT(無意識の偏見を数値化するテスト)を使って、みんなが「創造性」や「オリジナリティ」に対してどのような印象を持っているのかを調べました(6)。

その結果は、以下のとおりです。

◉すべての参加者が「新しいことは積極的に取り入れたい」「斬新な発想を望んでいる」と答えたが、IATテストの結果では、大半の人が、創造的なアイデアを「嘔《おう》吐《と》」「毒」「苦痛」などの否定的な言葉と結びつけていた。

◉すべての参加者が「創造的なアイデアは役に立つ」と答えたが、実際に斬新な商品を手にしたあとは、ほとんどが「新しさと実用性は両立しない」とコメント。「目新しい発明など現実では無意味だ」と考えた。

要するに、多くの人は、「新しいことはすばらしい」と口では言いながらも、**心の奥底では独創性と創造性にネガティブなイメージを持ち、斬新なアイデアを見下しがち**なわけです。

この現象について、ミューラーは次のように指摘します。

「ヒトが新しいことを嫌うのは、新しい発想や行動には不確実性がともない、その不確実性を回避しようとするからだ。また、大多数の人は、新しい発想や行動が社会的に拒絶される可能性にも敏感に反応する」

未体験な行動の裏側には、必ず失敗のリスクが存在します。新しく試した料理は口に合わないかもしれませんし、未知の映画を見れば時間の無駄に終わる可能性は十分にあります。そんな不確実性を避けたい心理が、無意識のうちに私たちを新たな体験から遠ざけてしまうのです。

似たようなデータは非常に多く、小・中学校を対象にしたある研究では、「教育では創造性が大事だ」と答える教師でも、実際の授業では、好奇心が旺盛《おうせい》な生徒を嫌がったと報告されています(7)。

また、複数の企業を調べた別の研究においても、「斬新なアイデアが大事だ」「つねに新しいチャレンジをせよ」と社員に指導する会社でも、実際には経営陣が部下の新しい提案に難色を示していたそうです(8)。

やはり**大多数の人間は、未知の体験を嫌う心理を生まれながらに持っている**と言えるでしょう。

日常行動チェックで反新奇バイアスから逃れる

反新奇バイアスを放置していたら、やがては大きなチャンスを逃すだろうことは簡単に想像できます。

たとえば、コピー機の生みの親であるチェスター・カールソンは、自身が開発した電子写真の技術を何度も売り込むも、「普通紙に書類を複製したい人間などいない」と言われ、5年間で20社近い企業からコピー機への出資を拒否されました。そのなかにはIBM社も含まれており、同社の2代目社長だったトーマス・J・ワトソン・ジュニアは、後年に「逃した魚のなかでも一番大きかった」と発言しています。

似た例としては、天才エンジニアのスティーブ・ウォズニアックが、ヒューレット・パッカードから自作PCの買い取りを5回却下されたケースも有名です。同社の上層部は、「小さなコンピュータなど誰も使わない」と考え、ウォズニアックのPCになんの関心も示しませんでした。

この対応をきっかけに、ウォズニアックは「アップルコンピュータ」をジョブズとともに設立。その後の展開はご存じのとおりで、当時のヒューレット・パッカードは、いまも先見の明のなさを指摘され続けています。

もっとも、私たちの日常でも、IBMやヒューレット・パッカードと似たような過ちを犯している可能性は十分にあります。自分では「新しいことをした」と思っても、よく考えてみれば、その体験が過去の体験の焼き直しにすぎないケースは珍しくないでしょう。

せっかく「好奇心チャレンジ」に取り組んだのに、結局は昔と同じ活動をくり返していたのでは意味がありません。好奇心がある人の行動をまねるのは簡単な作業にも思えますが、実際にはかなり難しい作業だと言えます。

そこで、反新奇バイアスに立ち向かうために試したいのが、「日常行動チェック」トレーニングです。「自分は新しいことをできているか？」「知らないうちに昔の習慣にとらわれていないか？」を確かめるために行うトレーニングで、73ページのような表を使って行います。

◉番号

61〜65ページの好奇心アクションリストから、あなたが取り組みたい行動を選び、その番号を記入します。

◉いつもの行動

あなたが選んだ好奇心アクションについて、「いつもの行動」を最低でも3つ書き出します。たとえば「好きなレストランに行き、いままで食べたことがない新しい料理を試す」というアクションを選んだなら、「ここでは普段はまずビールを飲んで、それから水餃子を頼んで……」といったように、その飲食店でよく頼む日常的なメニューを考えて記入してください。

また、「いままで行ったことがない新しいイベントに行ってみる」のように、「いつもの行動」が存在しないアクションを選んだ場合は、あなたが「新しいイベント」と聞いて瞬間的に思いつく活動を3つ考えましょう。「新しいイベントと言えば、印象派の美術展があって、あとは映画の舞台挨拶とか……」など、あまり深く考えずに、すぐ頭に浮かぶものを書き出してください。

◉新しい行動

先ほど考えた「いつもの行動」を踏まえたうえで、あなたにとって目新しい行動を考えていきます。「いつもの行動」に書いた活動を眺めつつ、「これらのアクションか

番号	いつもの行動	新しい行動
	豆腐の麺を頼む	虫料理を頼む
7	青島ビールを飲む	ハブ酒を飲んでみる
	水餃子を食べる	ウサギ肉を食べてみる
	配信サイトの おすすめを見る	配信サイトでおすすめ度が 20%の作品を見る
3	配信サイトで 上位のものを見る	配信サイトで 評価が低い映画を見る
	とにかく爆発シーンが 多いものを見る	ベタベタの恋愛映画を見る
	B メロのポジティブな歌詞が 好きだと思う	小説や詩で似たようなラインが なかったかを考えてみる
15	全体のリズムが好きだと思う	似たようなリズムでほかに 好きな曲がないかを考える
	サビの陽気なメロディが 好きだと考える	真逆の陰気なメロディで 好きなものがないかを考える
	「人生の意味とは何か？」を 考える	「自分の性格はどこから 来ているのか？」を考えてみる
19	「安楽死は道徳的に許容される だろうか？」を考える	「自分の死はどういうことか？」 を考えてみる
	哲学的なことは ほとんど考えたことがない	１分でいいから「哲学的な問い ってどんなことか？」を 考えてみる

ら、できるだけかけ離れた行動はなんだろうか？」と考えて、思いついたものを最低でも3つ書き出しましょう。

非常にシンプルなトレーニングですが、このようなチェックを意図的に行うだけで、反新奇バイアスの罠《わな》にはまる確率は格段に下がります。

すでにお伝えしたとおり、私たちの脳は思考の奥底で新たな発想や情報を嫌いやすく、その事実に自分で容易に気づけません。しかし、あなたが普段から自覚せずに行っている活動や、反射的に頭に浮かぶ思考を意識して書き出せば、無意識にうごめくバイアスを表に引きずり出すことができます。その結果、あなたは自身のバイアスにより敏感になり、**古い習慣にとらわれない発想が可能になる**のです。

19世紀の政治家ベンジャミン・ディズレーリも言うように、「新しい行動は必ずしも幸福をもたらさないが、新しい行動のないところに幸福は生まれない」ものです。幸運を得るためだけでなく、人生をより楽しくするためにも、ぜひあなたの内面に好奇心をインストールしてみてください。

成功者は薄くて広い人間関係を保つ

あなたが好奇心を向けるべき対象は、いくつも存在します。

新しい趣味、新しい仕事、新しい住居、新しいアイデア……。

すべてを並べ出したらきりがありませんが、ここでもっとも重要なのは、「新しい人」です。

運をつかむために人間関係が欠かせないのは、深く考えずともおわかりいただけるでしょう。旧友から思わぬ情報が手に入ったり、飲み会の出会いが新たな仕事に結びついたりと、**予期せぬ幸運の大半は他者からもたらされる**からです。

一例として、ニコラ・ロメオという技術者のケースを見てみましょう。

イタリアに生まれたロメオは、35歳のころに故郷で機械工として起業を考えたものの、資金が足りずに断念していました。ところが、そんなある日、電車で隣に座ったイギリス人と何げなく雑談を始めたことで、彼の人生は好転します。

そのイギリス人は、じつは機械の素材を扱う会社の役員であり、雑談のなかでロメオが腕利きの技術者である事実に気づくや、同社のイタリア支店にスカウトしてきたからです。大喜びで誘いに乗ったロメオは、それから支店の経営で成果を上げ、ほどなく同じような製造会社の買収をスタート。1915年には自動車マニアが運営する企業を買い取り、この会社に「アルファロメオ」と名付けました。

もちろんここまでドラマティックな例は珍しいでしょうが、他者と幸運の関係性は、研究データでも示されています。

1979年、コロラド大学の社会学者キャサリン・ジュフリーは、ニューヨークで活躍する写真家の成功要因を調査しました(9)(10)。

ニューヨークには多数の写真家が存在しますが、キャリアの成否には大きな開きがあり、食うや食わずの生活を送る者がいる一方で、1億ドルを超す年収を稼ぐ成功者も少なくありません。このような成功レベルの違いは、いったいどこから生まれるのでしょうか?

調査にあたり、ジュフリーはまず「国際写真芸術商協会」の会員名簿から大手ギャラリーが扱うすべての写真家をピックアップ。その後10年にわたって同じ名簿を調べ、すべての写真家がどのようなキャリアを積んだのかを追跡したそうです。

すると、成功した写真家とそれ以外の写真家のあいだには、ある一点にだけ大きな違いが認められました。

◉成功者は、特定の人とのつながりは薄いが、多様な社会的ネットワークを持っていた

◉非成功者は、特定の人とのつながりは深いが、社会的ネットワークに多様性がなかった

成功を収めた写真家は、他ジャンルのアーティストや他国のキュレーターといった幅広い関係者と交流しつつも、それぞれの相手と深い友情を築くわけでもなく、たまにパーティーで言葉をかわすぐらいの薄い関係を維持していました。ところが、キャリアにつまずいた写真家は、特定のアーティストやキュレーターとだけ仲を深めるも、人付き合いの幅は狭い傾向があったのです。

研究チームのコメントを引きましょう。

「キャリアがうまくいかない者たちの作品は、決して質が悪いわけではなく、高い評価を受けたものも多かった。しかし、多様なつながりをたくさん持つ人たちは、ほかのグループとの橋渡し的な役目を持つ人と知り合い、（中略）それが非常に分散した社会的ネットワークの形成につながっていた」

違う世界のアーティストと交流があれば新たなギャラリーを紹介される確率は上がりますし、他ジャンルのビジネスパーソンと関係を持てば仕事の幅が広がる可能性も上がります。多様な人物との付き合いが増えたぶんだけ、異なるコミュニティとのつながりが生まれ、そのおかげで良い偶然が舞い込む頻度も上がるでしょう。

逆に言えば、もしあなたが質の高い作品を生み出したとしても、社会的ネットワークに多様性がなければ、その成果は広く伝わりません。情報の橋渡しを行う人間がいないため、狭いネットワークを同じ情報が回り続けるだけになるからです。

また、社会的ネットワークが成功をもたらすのは、アートの世界だけではありません。**多様な人材の交流は、ビジネスの成功にもつながります**（11）。

たとえば、アメリカの企業506社の売り上げを調べた研究では、スタッフの人種やジェンダーに多様性がある企業ほど業績が良く、多様性が高い企業の63％が平均より上の利益を出したのに対し、多様性が低い企業は同じ数値が47％まで低下しました(12)。45の企業で働くマネジメント層を対象にした調査でも、多様な人種、ジェンダー、職種の人との付き合いが多い者ほど、革新的なプロダクトを生む確率が高いと結論づけています(13)。

どのケースでも、幅広い社会的ネットワークが良い偶然を呼び込んだのが原因です。

人脈はトレーニングで伸ばせるスキルである

社会的ネットワークが大事だと聞いて、思わず落胆する人もいるでしょう。

新しい人との出会いがない……。
自分には狭い交流しかない……。
コミュニケーションが下手だ……。

人間関係が重要だと言われて、そう簡単に改善できるなら苦労はありません。幅広い付き合いの大事さはわかっていても、ついなじみの仲間とばかり時間を過ごしてしまうケースは少なくないはずです。

しかし、気落ちする必要はありません。コロラド大学の研究でも見たとおり、私たちに必要なのは多様性があるネットワークです。いくら付き合いの濃い友人が1000人いようが、同じ趣味、似た思考、近い知識の者ばかりが寄り合っていたら、あなたの世界はそれ以上広がりません。**重要なのは、あくまでも深さよりも広さのあるネットワーク**です。

もちろん、コミュニケーション能力が低かったり、新たな人間関係を築くのが苦手な方もご心配なく。社会的ネットワークの幅を広げる能力は、トレーニングで伸ばせるスキルだからです。

具体的には、ここでも「うまくいくまで、うまくいっているふりをせよ」の精神が役に立ちます。

先述のとおり、私たちの脳は、同じ行為のくり返しによって神経パターンを刷新し、生まれ持った性格をある程度までなら変えられます。社会的ネットワークにおいても その考え方は同じで、**もし現時点で幅広い人間関係がないなら、コミュ力が高い人の行動をまねすればいい**のです。

内向的な人が完全な社交家に生まれ変わるのはさすがに不可能ですが、社会的ネットワークが広い人の思考と行動をシミュレートし続ければ、あなたの脳は確実に変化していきます。

それでは、具体的な社会性アクションリストを見ていきましょう。

社会性アクションリスト

1	寝る前に、日中に経験したポジティブなコミュニケーションを振り返り、そのなかで何が良かったかを考える
2	自分が喜びを感じるものごとをすべてリストアップしてみる
3	よく行く店のレジの人に挨拶する
4	キャンパスや家の近くにいる初対面の人に笑顔で手を振ってみる（相手が手を振ってくれなくても気にしない）
5	初対面の人に挨拶をしてみる
6	イベント紹介サービスに行き、行ってみたいイベントをひとつかふたつ探してみる
7	「お仕事は何をしていますか？」のようなよく聞かれる質問に対して、簡単な回答をいくつか事前に考えておく
8	誰かのSNSの投稿に肯定的なコメントをする
9	よく行く店のレジ係に、その日の調子を聞いてみる
10	初対面の人に挨拶し、共通の環境についてコメントする（「天気がいいですね」「この花はきれいですね」「いま流れている曲が好きです」など）

社会性アクションリスト

11	しばらく話していない友人に電話する
12	調べ物をして、参加してみたいクラブやサークルを探す
13	友人をコーヒーに誘う
14	なじみのあるレストランやバーに行き、ウェイターやウェイトレスと話をする
15	初対面の人に聞いてみたい質問を考えてまとめておく
16	1日のうちに起こったおもしろい話や興味深い話をひとつピックアップし、簡単な文章にまとめてみる
17	SNSのステータスを更新して、ポジティブな体験やおもしろい体験を共有する
18	新しい人に自分を紹介する
19	友人をディナーに誘う
20	友人と過ごす週末の計画を立ててみる

社会性アクションリスト

21	新しいレストランやバーに行き、ウェイターやウェイトレスと話をする
22	人が集まるレストラン、コーヒーショップ、バーなどに行って、新しい人に挨拶する
23	ボランティア団体を探して、ボランティアイベントに参加する
24	クラスやグループの集まりで手を挙げて質問に答えたり、意見を言ったりしてみる
25	公園やキャンパスでカジュアルスポーツ（バレーボール、サッカー、バドミントンなど）をしている人を見つけて、一緒に遊ぼうと誘う
26	友人を誘ってゲームやテレビ番組を見る。またはパーティーや社交場を見つけて参加する
27	親しい友人に心を開いて正直に今日の出来事を話し、相手の様子を聞く
28	自分の身の回りで起こったおもしろい話を友人にする
29	友人や知人に、社会的なイベントに同行してもらう（ほかの人が計画しているものでもよい）
30	友人・知人に、ライブや映画、ショーを見に行こうと誘う

社会性アクションリスト

31	自分の趣味に友人・知人を誘う（例：ゲームやスポーツなど）
32	意見を求められたら率直な意見を述べる（例：「どこで食事をしようか？」「この話題についてどう思うか？」などの質問）
33	誰にも話したことのない考えや意見をリストアップし、これらの考えや意見のうち、少なくともひとつを友人と共有する
34	初対面の人に、少なくともふたつの質問をして相手のことを聞く（例：「お仕事は何を？」「趣味はなんですか？」など）
35	人が多く集まる場所に行って、新しい人に話しかける
36	試してみたい新しいレストランやアクティビティのリストを作り、いままで試したことのない新しいアクティビティやレストランを最低ひとつは試す
37	普段は家でリラックスしている時間帯に、外に出て何かアクティブなことをする（例：コーヒーショップに行く、ジムに行く、友人に会うなど）
38	興味が持てるアクティブな活動を特定し、実際に参加しに行く
39	興味のあるイベントに友人を連れて行ってみる
40	興味のあるクラブやサークルを見つけ、友人を連れて参加してみる

社会性アクションリスト

41	親しい友人に自分の将来の希望や夢を率直に話し、相手のことも聞いてみる
42	同僚、近所の人、クラスメートをコーヒーに誘ってみる
43	レストラン、コーヒーショップ、バーなど、人が集まる場所に行って、新しい人とおしゃべりする／世間話をする
44	親しい友人に、いま抱えている問題を正直に打ち明けてみる
45	社交的なアクティビティを率先して企画して、ひとりまたは複数の友人を誘う
46	友人と一緒にイベントを計画する（例：ゲーム、映画、食事）。新しい人と出会い、そのイベントに自分や友人と一緒に参加してもらう
47	同僚、近所の人、クラスメートをランチやディナーに誘う
48	ボランティアでリーダーシップをとる。ソーシャルイベントの企画を立てるなど、そのほかにも自分がやりたいことをなんでもやってみる
49	自分の趣味を中心としたイベントを企画してみる（例：写真、映画、ゲームなど）

このリストの使い方は、61～65ページの好奇心アクションリストと同じです。リストのなかから好きなチャレンジを選び、週に1～4つずつのペースで実践してみましょう。

アクションを選ぶ際は、あなたが**「少し抵抗があるが、がんばれば実行できる」と思えるものを抜き出すのがコツ**です。自分にとって難易度が高いものを選んでしまうと、すぐにトレーニングが嫌になってしまうのでご注意ください。

実践の目安は4週間です。トレーニングを始めてすぐに社会的ネットワークが広がるわけではありませんが、長く続けるほどあなたの社交スキルは確実に向上します。

ただし、「好奇心アクションリスト」と「社会性アクションリスト」には、多くの人が陥りがちな罠があるので気をつけてください。その罠とは、リストの行動にこだわりすぎると、あなたなりのオリジナルな活動を生み出す妨げになりかねない点です。

すでに述べたとおり、世界を探索する作業とは、あなたが「これは斬新だ」「これは体験したことがない」と心から感じられるような行動の量を、日々の暮らしで増やしていく行為を意味しました。それなのに、特定の行動にこだわるのは本末転倒でしょう。

その点で、これらふたつのアクションは、あくまで好奇心を刺激するための暫定的《ざんていてき》なガイドラインとして使うべきです。自転車の乗り方を学んだあとに補助輪を残しても意味がないように、役目を終えたテクニックに取り組み続けても効果は望めません。

ふたつのアクションを4週間ほど続けてみて、新たな行動と出会いを増やす楽しさを実感できたら、リストにない活動を自分で考えるようにしてください。

「いろいろとふざけているんです」

最後に大事な注意点をひとつ述べておきましょう。初めて好奇心のトレーニングに手をつけた人の多くは、途中で不安を抱くはずです。

こんな無駄な知識を集めても意味がないのではないか……。

新しい体験をしたからといって、将来の役に立つとは思えない……。

なんの目標もなく新たな経験をしてもいいのだろうか……。
無意味なことに時間を使っているのではないだろうか……。

「好奇心で行動する」といえば聞こえはいいものの、その実態は、人生の目標とはなんの関係もなさそうな知識をため込み、いつ役に立つともわからない体験の山を積み上げることにほかなりません。そんな行為を重ねれば、やがて自らの行動に疑問を感じはじめても不思議ではないでしょう。

しかし、あなたの行動は決して無駄ではありません。**偉大な発見のなかには、当初は無駄と思われた行動の積み重ねから生まれたものも多い**からです。

たとえば、19世紀に活躍した天才数学者ガウスは、ほんの15歳でのちに暗号理論の基礎となる「素数定理」を予想し、34歳のときには現代物理や化学の計算に欠かせない「複素平面」を開発。当時から大天才と呼ばれた人物でしたが、生前は自身の成果をあまり公にせず、「非ユークリッド幾何学」などの業績は、死後の遺稿から発見されました。

それもそのはずで、ガウスは数学をさほど「役に立つ知識」とは考えておらず、未知の問題に美しい結果を出すのを最大の目的としていたからです。ガウスにとって数学はあくまで趣味であり、実際に彼が選んだ職業は、数学者ではなく天文台のチーフでした。

似た例としては、ドイツの生化学者、パウル・エールリヒのエピソードも有名です。学生時代のエールリヒは、大学の講義をそっちのけで顕微鏡《けんびきょう》に向かい、机の上に広がる虹色の斑点《はんてん》を見つめ続ける奇行で知られていました。不思議に思った教師が「いつも何をやっているのか？」と尋ねると、エールリヒは「いろいろとふざけているんです」とだけ返したそうです。

なんとも人を食った返事ですが、その後もエールリヒは同じ行動を続けた末に、そこから思いついたアイデアをもとに血液フィルムを染色する方法を開発。この発明は、やがて「細菌学」という新たな学問の誕生につながりました。

言うまでもなく、エールリヒは「役に立つ知識」を求めたわけではありません。ただ好奇心のままにふざけ続けたところ、それが偉大な発見につながっただけです(14)。

ガウスやエールリヒほどの大発見まではいかずとも、無駄だと思われていた知識や経験があとで役に立つケースは、私たちの身の回りでもよく見られます。趣味のおかげでクライアントとの会話が盛り上がったり、学生のころに学んだ第二外国語が仕事に使えたりと、最初は役に立たないと感じたものごとが、何かのきっかけで思わぬ成果を生むことは珍しくありません。

物理学者のスティーヴン・ホーキングは、過去に何度も偉大な発見ができた理由を尋ねられ、こう答えました。

「僕は子供のころから成長していないんだよ。いまも『どうやって?』『なぜ?』といった質問を人に問い続けている。それで、たまに答えを見つけるんだ」

有益な答えなど探さなくても構いません。**子供のような好奇心を持ち続けるなかで、たまに正しい答えが見つかればよい**のです。

2章

攻略のヒントに気づく

——幸運＝（行動×多様＋察知）×回復

ひとつのヒントを1000ドルで
教えるけど、買う？

『MOTHER』より

8割の人は、金のなる木に気づけない

「たまに正しい答えが見つかれば、それでいい」

これが前章の結びでした。好奇心というスキルを使い、良い偶然の発生率を上げるのが運をつかむためのファーストステップ。「行動×多様」の総量が増えるほど、思わぬ偶然も舞い込みやすくなります。

しかし、これではまだ運の方程式は使いこなせません。行動の量と質を増やせば予期せぬ偶然が舞い込む可能性は上がるものの、それだけでは運の総量は増えていかないからです。

いくつか例を挙げましょう。

1928年、イギリスの細菌学者アレクサンダー・フレミングは、ブドウ球菌を培養中のシャーレに、青カビが生えているのを見つけました。これは細菌学者としては初歩的なミスであり、普通ならすぐに実験をやり直したはずです。

しかし、フレミングは違いました。問題のシャーレを見た直後に、なぜか青カビの周囲だけはブドウ球菌が繁殖していないのを不思議に思ったフレミングは、さらに研究を進め、やがてカビが作り出す化学物質から抗生物質を作り出すことに成功したのです。もしフレミングがシャーレの異変に気づかなければ、これほどの成功は望めなかったでしょう。

もうひとつ、1945年には、軍需産業の技術者だったパーシー・スペンサーが、軍事用レーダーの実験中に、ポケットに入れたままだったチョコレートが溶けたのを発見。これをもとにマイクロ波で熱を生む装置を思いつき、2年後には、現代も使われる電子レンジの雛形《ひながた》が生まれました。

この発明に、スペンサーの察知力が役立ったことは言うまでもありません。「レーダーでチョコレートが溶けた」という偶然に対して、ただ「お菓子を無駄にした」としか思わなかったら、電子レンジは世に出なかったはずです。

私たちの身の回りでも、同じような例は珍しくないでしょう。宝くじに当たったのに当選メールを見逃したり、友人から役立つ助言をもらったのを忘れたり、ネットで見かけた仕事に役立つ情報をスルーしたりと、人生に起きた良い偶然に気づけないケースはいくらでも存在します。

新しい経験と知識をいくら積み重ねても、身の回りに起きた良い偶然をキャッチできなければ意味がありません。そのままスルーを続けていたら、世界を探索したところで成果は出ないでしょう。

RPGで言うなら、村人の言葉に秘められた重要な手がかりや、ダンジョンの隠し通路に置かれた宝箱に気づかないようなもの。いくらワールドマップを探索しようが、目の前に現れた攻略のヒントを認識できなければクリアは不可能です。

そこで本章で焦点を当てるのが、運の方程式における**「察知」のスキル**です。あなたの周りで起きた小さな変化にも気づけるスキルのことで、運をつかむ能力を上げるためには絶対に欠かせません。

このポイントについては、ウェスタン・ワシントン大学がおもしろい調査を行っています(1)。研究チームは、以下の手順で実験を行いました。

❶背が低い落葉樹の枝に、1ドル札を3枚挟む
❷木の下を通った学生が、お札の存在に気づくかを調べる

1ドル札が置かれた高さは地面から175センチほどなので、よほどのよそ見でもしない限りお札は目に入ります。つまり、視界に必ず紙幣《しへい》が入る状況を作ったうえで、学生たちが「金のなる木」を認識できるのかを確かめたのです。

実験を行う前、研究チームは「大半の学生は紙幣に気づくだろう」と予想しました。歩きスマホが珍しくない現代でも、さすがに目の前に垂れ下がった紙幣を見逃す者がいるとは考えにくいでしょう。

ところが、現実は予想の真逆で、紙幣に気づいたのは全体のたった19%にすぎず、学生が歩きスマホをしていた場合は、同じ数字が6%にまで下がりました。80%以上の参加者は、目の前に垂れ下がった紙幣を目にしながらも「異常はない」と判断し、金のなる木をスルーしたわけです。

「自分だったら絶対に気づくだろう」と思う人もいそうですが、現実はそう甘くはあ

りません。このような、視野に入ったはずのものに気づけない現象は「非注意性盲目」と呼ばれ、1990年代から何度も確かめられてきた心理メカニズムです(2)。これは、私たちの脳に埋め込まれたOSのようなシステムであり、この心理から逃れるのは困難を極めます。

私たちの心理に非注意性盲目が備わった理由は、脳の処理力に限界があるからです。もともと、ヒトの脳は、周りの景色、音、匂いなどのデータをつねに取り入れ、「これは役に立つ情報か?」を判断しています。この機能がなかったら、あなたは新しい情報の存在に気づくことができません。

しかし、脳はあくまで物理的な器官なので、一度に処理できる情報の量には限界があります。脳が1秒あたりにスキャンできるオブジェクトの数は平均で30~40個ほどでしかなく、それなのに外界からのインプットをすべて処理していたら、ほどなく神経系はオーバーワークですり切れてしまうでしょう。

この問題を防ぐために、ヒトの脳は、不要なデータを次々と捨てるように進化しました。私たちが「金のなる木」に気づけないのは、紙幣の情報が目から入ってきても、

「木にお札などついてるはずがない」と判断した脳が、すぐにデータを消したからなのです。

要するに、非注意性盲目は私たちを情報過多から守ってくれる大事なシステムなのですが、同時にこの機能は、**私たちを運から遠ざける副作用**もあわせ持ちました。せっかく世界を探索したのに、いざ目の前に出現した「金のなる木」に気づけないのでは意味がありません。運の方程式で、「察知力」を重要視するゆえんです。

成功率がトップクラスの営業マンは何が違うのか？

察知力を高め、身の回りで起きた良い偶然をつかむために、本章では3つのトレーニングを用意しました。

❶ **Qマトリックス：普段は見過ごすようなものごとへ注意を向ける回数を増やす**

❷ **視野拡大アクション：自分に安心感を与えて視野を広げる**

❸ 知的謙虚さトレーニング：自分の限界を知り、幅広い思考を手に入れる

詳しくは後述しますが、いずれのトレーニングも察知力を高める働きがあり、どれかひとつを試すだけでも、あなたが運をつかむ確率は上がるでしょう。すべてを実践する必要はないので、おもしろそうだと思ったものから取り組んでみてください。

具体的なトレーニング法をお伝えする前に、まずは簡単なクイズから始めましょう。次に並ぶ偉人の名言は、「〇〇」の部分にすべて同じ言葉が入ります。その言葉はなんだと思われるでしょうか？

●ソクラテス「自分に対しても他人に対しても、すべてを〇〇ことこそ、人間のすばらしさの最たるものである」
●アインシュタイン「とにかく、〇〇のをやめてはいけない」
●ヴォルテール「人間は、その答えではなく〇〇内容によって判断せよ」

正解は、「問う」です。

古代ギリシアの哲学者ソクラテス、相対性理論を生んだアインシュタイン、啓蒙《けいもう》主義を代表する歴史家ヴォルテール。人類史に名を残す3人の天才は、いずれも「問い」の大事さを主張し、あらゆるものごとに死ぬまで疑問を持ち続けました。

ほかにも「問い」を支持した偉人は多く、現代経営学の父ピーター・ドラッカーは「重要なのは正しい答えを探すことではなく、正しい問いを探すことだ」と断言。天才物理学者エドワード・ウィッテンも、「いつも私は答えを探す意味があるぐらい難しく、実際に答えられるぐらいやさしい問いを探している」といった言葉を残しています。

複数のデータでも「問い」の重要性は明らかで、なかでも代表的なのが、マインドセット研究で有名なキャロル・ドゥエックらの調査です(3)。

ドゥエックらは864人の男女を集め、全員に「普段からどれだけ自問しながら生活しているか?」を尋ねました。たとえば、何かに行き詰まったときに「自分にできることは何か?」「もっとうまくやるには?」と自問したり、学習に進歩がないと感じたときに「もっといい方法はないか？」「先に進むために何ができるか？」と問いを立てたりと、日々の生活で意識的に自問自答を行っているかどうかを調べたのです。

結果、「問い」のメリットは、人生のさまざまな場面で認められました。日ごろから自問をくり返す者ほど大学の成績平均点（ＧＰＡ）が良く、学習、健康、貯金などの目標の達成率も高く、実験室で行われた認知テストの結果も上だったのです。

とくにおもしろいのは、これらの結果が、参加者が考えた解決策の量や質とは、独立して確認された点でしょう。簡単に言えば、あなたが抱いた問いに対して、正しい答えを出せるかどうかはさほど重要ではなく、**ただ目の前の出来事になんらかの問いを立てただけでも、私たちはパフォーマンス改善のメリットを得られる**わけです。

さらに、「問い」の効果はビジネスの世界からも報告されています。

人工知能の研究で有名な、Ｇｏｎｇ．ｉｏ社が行った調査を見てみましょう（４）。同社研究員のクリス・オルロブは、複数の企業から協力を取りつけ、各社の営業マンが行った商談を録音。51万９０００件のデータを書き起こしたうえで機械学習にかけ、「トップの営業マンは何が違うのか？」を調べました。

その答えは明白で、成績が悪い営業マンと比べて、**トップパフォーマーは質問の量が多い**傾向があったそうです。具体的には、成功率が46％だった営業マンは1回の商談あたりの質問数が1～6問だったのに対し、トップパフォーマーの質問数は1回11～14問で、その成功率は74％にもおよびます。

両者にここまでの差が出たのは、良質な問いには、〝メタ認知〟を刺激する働きがあるからです。

メタ認知は、私たちに〝一段上の視点〟をもたらす脳のシステムで、プレゼンの最中に「話すスピードが早すぎる」と気づいたり、料理の際に「先に根菜を煮たほうが時短になる」と考えたりと、自分の行動をひとつ上のステージから見る思考が浮かんだとき、あなたの脳内ではメタ認知が起動しています。

もしメタ認知がなかったら、私たちは、プレゼンの途中でクライアントの反応が悪くなっても察知できませんし、何年たっても料理の手際は改善されません。一歩引いた視点がないせいで全体を見渡すことができず、世界の小さな変化に気づく能力が失われてしまうからです。

ところが、メタ認知が働くと、私たちの行動は大きく変わります。

たとえば、あなたがプレゼンの練習に取り組んでいるとしましょう。このとき、いつもどおりのやり方でリハーサルをくり返せば、確かに一定の上達は見られるかもしれません。しかし、ここで「もっと要点をうまく伝えられないか？」「ほかにもいい情報はないか？」「グラフの違った見せ方はないか？」などの問いを立てれば、よしんばいい解決策を思いつけないとしても、あなたが注意すべきポイントには気づきやすくなります。そうなれば、話のスピードを上げてみたり、違う部屋で練習してみたりと、複数の改善策を試すことができるでしょう。

日常的に問いを抱く人は、このような作業の連続で、少しずつパフォーマンスを上げていくのです。

問いが問いを生む体験で察知力が上がる

問いのパワーで察知力を高めるために、ぜひ取り入れてほしいのが「Qマトリックス」（106〜107ページ）です。もともとはカリフォルニア大学の教育学チームが開発したテクニックで、私たちが日常的に使う質問のパターンが36種類にまとめられています(5)。

その効果を確かめたデータも豊富で、Qマトリックスでトレーニングを積んだ学生は、みな一様にメタ認知の使い方がうまくなり、自分なりの問いを作る量が増え、実際に学校の成績も上がったとのこと(6)。メタ認知を鍛えて幅広い視野を持ちたいなら、まず使うべきテクニックでしょう。

Qマトリックスには複数のバージョンが存在しますが、ここで取り上げるのは、心理学者のスペンサー・ケーガンによる原案をベースに、さらにメタ認知を刺激しやすいように私が一部を改変したものです(7)。

次のページにある表の見方から説明しましょう。

ご覧のとおり、Qマトリックスは6×6のブロックで構成され、それぞれに特定の質問が配置されています。全体を4つに濃淡で分けたのは、各エリアによって「問い」を生み出す際の難易度が異なるからです。

誰？	なぜ？	どのように？
4 誰がするのだろうか？ 誰がしているのだろうか？ 誰にしているのだろうか？	5 なぜそうなのか？ 〜が重要なのは なぜだろうか？	6 どのようにしてそうなるのか？ どのような仕組みなのだろう？ 〜と〜はどのように 似ているのだろうか？
10 誰がしたのだろうか？ 誰にしたのだろうか？	11 なぜそうなったのか？ 〜が重要だったのは なぜだろうか？	12 どのようにして そうなったのか？ どのような仕組み だったのだろう？
16 誰ができるのだろうか？ 誰ができたのだろうか？	17 なぜできるのだろうか？ なぜできたのだろうか？ 〜が最良かもしれないのは なぜだろうか？	18 どのようにできるのか？ どのようにできたのか？
22 誰ならありえそうか？ 誰ならありえたのか？	23 なぜありえるのだろうか？ なぜありえたのだろうか？	24 ほかの方法を使うとどうなるだろうか？ 〜は、以前に学んだことや 習ったことと、どのように 関連しているだろうか？
28 誰がしたいのか？ 〜を誰と 関係させたいのか？	29 〜をしたいのはなぜか？	30 〜をどのようにしたいの だろうか？ 〜のために、〜をどう 使うことができるだろうか？
34 もし（人名）が関わったら どうなるだろうか？	35 もし〜が原因だったら どうなるだろうか？ 〜に賛成だろうか、 それとも反対だろうか？	36 もしほかの手段をとったら どうなるだろうか？ もし〜が変わったら どうなるだろうか？

Q マトリックス

	何？	いつどこで？	どれ？
現在	1 ～は何か？ ～の意味はなんだろうか？ ～と～の違いは なんだろうか？	2 いつだろうか？ どこだろうか？	3 ～はどれなのか？ ～はどれにするのか？ ～の長所と短所はどの ようなものだろうか？
過去	7 何をしたのか？ ～はなんだったか？ 昔はどうだったの だろうか？	8 いつだっただろうか？ どこだっただろうか？	9 ～はどれだったのか？ ～はどれにしたのか？ ～の長所と短所は どのようなものだった だろうか？
可能性	13 何ができるだろうか？ ～について最良なものは なんだろうか？	14 いつできるだろうか？ どこでできるだろうか？	15 どれができるのだろうか？ ほかの可能性は ないだろうか？
予測	19 何がありえるか？ ～を解決するかもしれな い方法は、ほかに何があ るだろうか？ ～は～に、なんの結果を もたらすだろうか？	20 いつありえるか？ どこでありえるか？	21 どれなら ありえるのだろうか？ ほかを選んだら どうなるだろうか？
意図	25 何をしたいのだろうか？ ～の意味はなんだろうか？ ～について、よく知って いることと、知らないこ とはなんだろうか？	26 いつしたいのか？ どこでしたいのか？ 時間と場所について どうしたいのか？	27 どの選択を したいのだろうか？
想像	31 もし～になったら、 何が起きるだろうか？ ～と～を比べたら どうなるだろうか？	32 もし時間と場所が～に なったらどうなった だろうか？	33 もし～を選んだら どうなるだろうか？

レベル１　レベル２　レベル３　レベル４

初心者に使いやすいのはレベル1のエリアで、ここには「何?」「誰?」といったシンプルな質問が並びます。

たとえば、「空(そら)」というテーマについてレベル1で考えてみると、「空にはなんの色があるか?」「いまの空は昔の空と何が違うのか?」といった問いが浮かぶでしょう。これらの問いは解答が簡単で、「空には青や赤などの色がある」「昔の空には大気汚染がなかった」といったように、事実関係さえわかれば答えを出すことができます。簡単な問いが悪いわけではありませんが、これらの疑問には、深い思考を引き出す力はありません。

他方でレベル2〜4の質問パターンは、分析力と創造力を必要とするような、より高度な問いを引き出します。

たとえば、先ほどと同じく「空(そら)」のテーマに対して、20番の「いつどこ?+予測」という組み合わせで問いを考えたらどうなるでしょうか? おそらく「空はどこから青くなるのだろう?」「ほかの星の空はどうなっているのだろうか?」などの問いを思いつくはずです。

これらの疑問を、ただの事実確認だけで解くのは不可能でしょう。答えを出すためには、「海の青さは空の青さと同じだろうか？　夜は青くないので太陽の光線と関係があるのかもしれない」「月面の映像に空はないので、惑星の地表から上を見ても宇宙しか見えないのだろうか？　ほかの惑星に地表はあるのだろうか？」のように、深い思考と推論を重ねなければなりません。

こういったトレーニングで察知力が鍛えられるのは、**高度な質問には「問いが問いを生む」性質があるから**です。

一例として、先に見た「空はどこから青くなるのだろう？」という問いの答えをネットで調べてみましょう。すると、太陽光が地球の大気によって四方に散らばる際に、青い光がほかの色よりもより多く散乱するのが原因だとわかりました。

これでも十分に納得できる答えですが、ここでさらにQマトリックスを使ったらどうでしょうか？

「光によって散らばり方が違う理由は？」

「光の分子はどのように散乱するか？」

「太陽が赤く見えるのはなぜ？」

最初の疑問を足場にして、さらなる問いがいくつも生まれました。このような〝問いの連鎖〟こそが、高度な質問で得られる最大のメリットです。

トレーニングを積むうちに、私たちの内面にはふたつの視点が育ちます。

❶ 世界を一段上から見つめる視点

❷ 世界を興味を持って見つめる視点

ひとつめは、メタ認知による視野の拡大です。すでに見たように、メタ認知が強化された者は、あらゆるものごとを一段上のステージから眺め、そのおかげで全体を一度に見渡すことができます。

たとえるなら、メタ認知で得られる視点の拡大とは、上空から獲物を狙う鷹《たか》のようなものです。地表すれすれの位置で獲物を探すよりは、引いた位置から幅広く世界を眺めたほうが変化に気づきやすいのは当然でしょう。

そしてふたつめに大事なのが、問いの連鎖によって世界への興味が増す点です。ひとつの問いから違う問いが生まれる状態は、私たちのなかで世の中への関心をかき立て、それゆえに周囲の小さな変化に注意を向けさせる効果を持ちます。

ミステリー小説でも、つながりのない謎が並置されるよりは、謎が謎を呼ぶ展開のほうが興味を引くでしょう。同じように、**問いが問いを生む体験を重ねることで、私たちの脳は身の回りの小さな変化に注意を向けるのがうまくなり、そのぶんだけ察知力も高まる**のです。

Ｑマトリックスを使ってみよう

Ｑマトリックスを使う際は、表のなかから好きな質問を選んでも構いませんが、慣れないうちは次のステップを踏むのがおすすめです。

ステップ1　テーマ選定

まずはＱマトリックスを使う題材を選びましょう。36パターンの質問は、あらゆるトピックに使うことができ、「英語」「犬」「ヒップホップ」「ホラー映画」「会社の上司」など、どんなテーマを選んでも問題ありません。

もし特定のテーマに決めづらかったら、「少しだけ興味はあるが、いまいち取り組めないテーマ」を選んでみてください。「統計は勉強してみたいけど難しそうだな……」「配信ドラマを見たいけど時間がないな……」のように、好奇心は持てそうなのになんらかの理由で積極的に実践できていないものを選択するわけです。

そのようなテーマもないときは、「なんでもいいから1日5分だけQマトリックスを使う」と決めておき、その日に気になった話題から問いを作るのもおすすめです。たとえば、税金のニュースを見たら「もし消費税が存在しなかったら？」と考えてみたり、友人がボードゲームの話題を振ってきたら「このゲームにハマる人とハマらない人の違いとは？」と自問したりと、あなたがその日にちょっとでも興味を感じたトピックなら、何を選んでも構いません。1日5分でいいので、日々の問いを習慣にしてみましょう。

ステップ2　質問作り

テーマを決めたら、実際に問いを作ります。こちらも36の質問パターンから好きなものを選んでいただいて構いませんが、Qマトリックスのトレーニングに慣れてきたら、少しずつレベル2～4のパターンを増やしていきましょう。

レベル1の質問が悪いわけではないものの、いつまでも同じエリアにとどまっていたら、なかなかメタ認知の成長にはつながりません。できるだけ低次と高次の質問を混ぜつつ、問いを作るように心がけてください。

これといった質問を選べない方は、以下の3つの質問を優先して試すとよいでしょう。

◉パターン24「～は、以前に学んだことや習ったことと、どのように関連しているだろうか？」

◉パターン25「～について、よく知っていることと、知らないことはなんだろうか？」

◉パターン31「～と～を比べたらどうなるだろうか？」

数あるパターンのなかでも、この3つは、とくにメタ認知を刺激しやすい傾向があります。質問選びに迷ったら、使ってみてください。

ステップ3　解答

最後に問いの答えを考えましょう。答え方に決まりはなく、ネットで検索するもよし、誰かに尋ねてみるもよし、好きな方法を使ってください。

ここで大事なのは、決して良い答えを探す必要はない点です。ステップ2であなただけの問いを作った時点で、トレーニングの目的はなかば達成されています。答え探しはおまけ程度に考えて、問いを作った時点でよしとしましょう。

Qマトリックスの使い方は以上ですが、このトレーニングをくり返すと、やがてあなたのなかに重要な変化が起きます。日々の問いをくり返すうちに、質問のパターンが脳内に染み込み、やがては日常で目にしたささいなものごとにも、反射的に複数の問いが浮かぶようになるのです。

◉なぜとろけて伸びるチーズと、とろけないチーズがあるのだろう？

◉源《みなもとのよりとも》頼朝や藤原道長《ふじわらのみちなが》は、名字と名前のあいだに「の」が入るのはなぜだろう？

◉「ふんだりけったり」という表現は、加害者側の視点ではないだろうか？

いずれも小さな疑問ではありますが、このような日常的な「問い」の積み重ねによって、私たちの察知力は高まります。その結果、あなたが運をつかむ可能性も上がっていくのです。

「不運が起きやすい人」はなぜ存在するのか？

世の中には、なぜか運が悪い人がいるものです。

道を歩けば鳥の糞《ふん》を頭に落とされ、旅先では雨に降られ、職場では嫌な相手とペアを組まされ、有名店の行列に並んだら自分の手前で商品が売り切れる。

禍福《かふく》はあざなえる縄《なわ》のごとしだとは言いつつ、明らかに**自分は他人より不運だと感**

じている人は少なくないはずです。

このような現象は、はたして当人の思い込みにすぎないのでしょうか？　それとも、特定の人に不運が集まるメカニズムでも存在するのでしょうか？

この問題について、中国科学院のチームがおもしろい実験をしています（8）。

研究チームは、手始めに参加者が過去に交通事故を起こしたかどうかを聞き、そのあとで全員に複数の写真を見せて脳波の反応スピードを調べました。使われた写真の種類は3つで、「ポジティブな写真（喜ぶ人々など）」「ネガティブな写真（泣き叫ぶ子供など）」「ニュートラルな写真（町の風景など）」といった画像が80枚用意されたそうです。

そこでわかったのは、過去に人身事故のように大きな事故を起こした人ほど、悲観的な情報に反応しやすいという事実でした。事故が少ないドライバーは、ポジティブな写真とネガティブな写真の両方に等しく注目したのに対し、事故が多い人は、悲惨《ひさん》な映像に長く意識を向けたのです。つまり、事故が多いドライバーほど、ネガティブな情報に敏感だったことになります。

不思議に思われた方もいるでしょう。車を安全に運転するためには、ネガティブな情報へ積極的に目を向けねばなりません。沿道に飛び出しそうな子供や、路肩を蛇行する自転車などを見逃したら、事故の確率が上がるのは確実です。それにもかかわらず、ネガティブな情報への反応が大きい人ほど事故が多い理由は、どこにあるのでしょうか？

その答えは、**ネガティブな情報に意識が向きやすい人ほど、視野が狭くなってしまう**からです。

たとえば、あるドライバーが車を運転していたところ、対向車線にスピード違反の車が現れ、すさまじい速度ですれ違ったとしましょう。

このような場面では、優良ドライバーは「危なかった」とだけ思って、すぐに目の前の道路に意識を向け直します。ところが、事故が多いドライバーは、いつまでもスピード違反車の情報が頭に残り、簡単に注意を切り替えられなくなるのです。

このような現象を、専門的には**「ネガティビティ効果」**と呼びます。**肯定的な情報よりも否定的な情報に関心が向く心理**のことで、この傾向が強い人は、人生の悪いところばかりが気になり、それゆえに視野が狭まってしまうわけです。

ネガティビティ効果と交通事故の関係は何度も確認されており、アイルランド国立大学などの報告では、この心理傾向が強い人ほど余計なことに気を取られ、やはり重大な事故を起こしやすかったとのこと(9)。英オープン大学の実験でも結果は同じで、ネガティビティ効果にとらわれた人は一度にひとつのことしか意識を向けられなくなり、目の前の重要な情報を見逃す可能性が高まりました(10)。

問題なのは、こういったマイナスな体験の積み重ねが、さらなる不運を呼び込む点です。いったん「私は不運だ」との印象が脳の奥に根づくと、あらゆる場面でネガティビティ効果が発動しはじめます。

◉新しいスポーツに興味があるけど、自分がやってもうまくいかないだろうと思う

◉知らない人の集まりに参加したけど、他人の発言の嫌なところがいちいち気に障る

◉趣味のイベントに興味があるが、嫌なことが起きそうだから家にいよう

あらゆる行動に対して不運のイメージが頭に浮かべば、そのたびにあなたの察知力が下がるのはもちろん、人生の新たな可能性にも自ら扉を閉ざすことになります。これでは運の総量など増えるはずもありません。

「視野拡大アクションリスト」で広い視野をキープする

ネガティビティ効果の罠を逃れ、広い視野をキープし続ける。

この目標に挑むために使ってほしいのが、「視野拡大アクションリスト」(121〜125ページ)です。前章の「好奇心アクションリスト」(61〜65ページ)と同じく50種類の行動で構成されたリストで、ネガティビティ効果をやわらげるために開発されたものです。

南メソジスト大学による実験では、50のアクションを実践した被験者は、4週間ほどで有意な改善が見られました。具体的には、全体的にネガティブな感情を体験する回数が減り、神経質な人はよりおおらかになり、怒りやすい人には余裕が生まれ、ポジティブな気分が増大したのです。

12〜13ページのテストで「察知力」の点数が低かった人は、初めにこのトレーニングから取りかかるとよいでしょう。

リストの使い方は「好奇心アクションリスト」と同じで、まずすべてのアクションをざっと確認したら、「これならできそうだ」と思えるものを選び、週に1〜4つずつ、4週間ほど続けてください。いずれのアクションも「心に余裕がある人」の行動をシミュレートしており、どれだけネガティビティ効果が強い人でも、続けるごとにメンタルが穏やかになっていくはずです。

視野拡大アクションリスト

1	目が覚めたら「今日は意識して良い1日を過ごすぞ」と声に出して言ってみる
2	感情が不安定になったら、立ち止まって何度も深呼吸をする
3	1日のなかで起こったポジティブな出来事と、それについてどう感じたかを寝る前に書き出す
4	少なくとも5分間、意図的に笑顔を作ってみる（ひとりでいるときでも、何かをしているときでもよい）
5	親しい友人や家族に笑顔で話しかける
6	目が覚めたあとで、自分が感謝していることを5分以上心のなかでリストアップする（例：友人、家族、安全な場所、きれいな空気など）
7	30分間、自分の好きなことをしてみる
8	ほかの人に感謝の気持ちを伝える（例：良い講義をしてくれた先生に感謝する、友人に感謝の気持ちを伝えるなど）
9	寝る前に、明日にやるべきタスクから良いことをひとつ書き出す
10	少なくとも30分以上の読書をする

視野拡大アクションリスト

11	何か心配なことがあったら、それを自由に紙に書き出してみる
12	大切な人（友人、家族）と1時間以上過ごすか、外に出て新しい人に会う
13	寝る前に、少なくとも5分間、これまでの人生で出会った好きな人との関係についてよく考えてみる（例：一緒に取り組んだイベントや親切にしてもらった記憶など）
14	ヨガの教室に通うか、自宅で10～20分ほどヨガをする
15	最低でも15分は運動してみる
16	目が覚めたら5分以上の瞑想《めいそう》をする
17	将来に不安を感じたら、2分以上かけてベストな未来を思い浮かべてみる
18	一日の出来事を最低5分は日記に書く（実際に起きたことだけでなく、自分の気持ちも書く）
19	ストレスを感じたときは、少なくとも2分間、過去の成功体験を振り返る（例：スピーチで緊張しているときは、過去にスピーチで成功したときのことを振り返る）
20	感謝していることをSNSなどにアップしてみる

視野拡大アクションリスト

21	決断に不安を感じたら、それぞれの選択肢の長所と短所をリストアップする
22	誰かにほめられたら、何も考えずに「ありがとう」と声に出して言う
23	ひとり以上の友人・知人と一緒に、スポーツやハイキング、ショッピングなど、何かアクティブに楽しめることを1時間以上する
24	友人や家族に電話をして、相手の話を聞いてみる
25	友人とコーヒーを飲みながら、自分の人生の良い部分も悪い部分も正直に話す
26	少なくとも5分間、自分の人生の良いところをすべて日記に書いてみる（例：きれいな空気、太陽の光、友人・知人の存在など、どんな小さなことでもよい）
27	何か心配なことがあったら、親しい友人や家族にそのことを話す
28	落胆したときは、ポジティブな結果になりそうなことを書き出す
29	親しい友人や家族と、自分の人生や気持ちについて正直に話し合う
30	少なくとも10分間、スマホで自分が幸せだと感じる写真を探してみる（きれいな花、友人、快適なベッド、自分自身など）

視野拡大アクションリスト

31	親しい友人や家族に、感謝の気持ちを伝える
32	少なくとも5分間、ゆっくりと美しいものを味わう（例：目を閉じてゆっくりとおいしいものを食べる、川辺に座って目を閉じて水の流れる音を楽しむ、美しいアートや花を見つけてじっくりと眺めて感じたことを振り返る）
33	慈善団体にお金を寄付する
34	大声で笑う。友人と一緒に何か楽しいことをするか、お笑い動画を探して笑う
35	ネガティブな感情（悲しみ、怒り、ストレスなど）を感じたら、少なくとも5分かけてその感情を感じた理由を書く
36	少なくとも1日30分は運動する
37	見返りを期待せずに、ほかの人に親切なことをする
38	自分の良いところや強みについて、少なくとも5分は日記に書き出す
39	今日1日のなかで、少なくとも5つのポジティブなことを思い出す（例：「今日は空がきれいだ」「今日は友人に会えて良かった」「このソファは座り心地がいい」「川の音がすばらしい」など）
40	ポジティブな感情を感じたら、最低でも2分間はそのことを心のなかでじっくり考えてみる（何が楽しかったのか？　なぜ楽しかったのか？　など）

視野拡大アクションリスト

41 自分が当たり前だと思っている「ポジティブなこと」を3つ以上挙げ、口に出して言う（例：「自分のアパートがとても気に入っている」「キャンパスを歩くのが楽しい」など）

42 45分以上の運動をする

43 ネガティブな考えに気づいたら、そのネガティブな考えを認めたうえで、同じトピックのポジティブな側面を3つ考える（例：「日曜日に雨が降っているのは嫌だ。しかし、おかげで自宅でゆっくりできるし、読みたかった本も読めるし、雨音も悪くない」）

44 いまの状況がネガティブに思えるときは、悪いことを認めるだけでなく、ポジティブなことを3つ心のなかでリストアップする

45 自分がやりたいと思う楽しいことをリストアップして実際にやってみる

46 誰かに対して怒りや憤りを感じたときは、少なくとも2分間、その人の良いところを振り返る

47 ネガティブな考えが出てきたら、その内容を否定できそうな証拠を、少なくとも2分かけて書き出す（例：「誰も私のことを好きではないと感じる。しかし、実際には他人の気持ちなどわからないし、私のことを好きな知人や先生、家族も少なからずいるはず」）

48 誰かの言動に傷ついたり怒ったりしたときには、その人が嫌な行動をした原因について、少なくとも1分は考えてみる（例：「今日は調子が悪かったのだろう」）

49 嫌なことがあったら、社会的な支援を求める（友人や家族、同じ趣味を持つ人や同じ目標に向かって努力している人の集まりなど）

50 過去に自分を傷つけた人を特定し、その人を許してみる

人生においては、ほとんどの人がもう少し自信を失ったほうがよい

「己が実力の不十分なるを知るこそ、わが実力の充実なれ」

古代キリスト教の哲学者アウグスティヌスは、4世紀にこんな言葉を残しました。自分の能力を本当に発揮したいなら、その前に、自分の能力が足りない事実を認識しなければならない、という意味です。確かに「私には十分な知識とスキルがある」といつも思っていたらそれ以上の努力はしないはずですし、いざ自分が間違ったときにも柔軟に対応できないでしょう。

じつに含蓄ある言葉ですが、じつはここ十数年間の研究でも、アウグスティヌスの正しさが明らかになってきました。

「知的謙虚さ」なる言葉をご存じでしょうか？

一言で言えば、自分の知識と能力の限界を正しく把握できている状態のことで、知

的謙虚さを持つ人は、己の不十分さに気づいているがゆえに、自らの意見にしがみつきません。多くのデータを総合すると、知的謙虚さのレベルが高い人には、以下のような特徴が見られます(11)。

●自分の間違いがわかっても、意地にならずに意見を修正する
●自分とは意見が異なる相手と出会っても、寛容な態度を崩さない
●データやファクトをもとに真実に近づくのがうまい

知的謙虚さを持つ人は自分の限界を知っているため、そのぶんバイアスに惑わされにくく、客観的な情報をもとに真実を追求できます。いわば「傲慢《ごうまん》さ」の対極にあるメンタリティで、一般的な言葉で表現するなら「柔軟な精神」がもっとも近いでしょう。

柔軟な精神は、あなたの察知力を高めるためには欠かせない要素です。

前提として、私たちが良い偶然をキャッチするためには、身の回りで起きる変化に気づく必要がありました。フレミングにおける青カビが生えたシャーレや、スペンサーにおける溶けたチョコレートは、どちらもその代表例です。

しかし、このような周囲の変化とは、すなわち〝見慣れた日常とは違う状態〟のことにほかなりません。このときに柔軟な精神がないと、私たちは、目の前で起きた変化をなかったものとして扱ってしまうはずです。自らの知識に疑いを持たないせいで、「青カビとチョコレートはただの失敗でしかない」という発想から抜け出せないからです。

あらゆるブレイクスルーは、私たちが以前とは異なる考え方をしたときにしか起こりません。それにもかかわらず、**いつまでも自分の考え方にしがみついていたら、運をつかむのは不可能**でしょう。

ただし、ここで難しいのは、世の大半の人が、「私には知的謙虚さがある」と思い込みやすいところです。

試しに、あなたが何か重要な間違いに気づいたときのことを思い出してみてください。

政治的な問題、精神的な信条、人生でやりたいことなど、自身のアイデンティティに関わることで、最後に考えを改めたのはいつだったでしょうか？　そして、それはどのような気分だったでしょうか？

おそらく大半の人は、かなりの苦痛を感じたか、最後まで考えを変えなかったかの、どちらかだったはずです。

事実、デューク大学の調査でも、参加者に「他人と意見が違ったときに自分が正しい確率はどれぐらいか？」と尋ねたところ、じつに82％が「他人と意見が合わないときは、ほぼ自分が正しい」と答えています(12)。逆に「自分が正しいケースは半分以下だ」と答えた人の数はわずか4％にすぎません。私たちが、いかに自分の考えに固執したい生き物なのかがわかるでしょう。

知的謙虚さの研究で有名なマーク・リアリーは、こんなことを言っています。

「人生においては、ほとんどの人がもう少し自信を失ったほうがよい。自分の信念や意見に関しては、誰もが必要以上の自信を持っているからだ」

つまり、ここまでの文章を読んで「知的謙虚さを鍛えたい」と素直に思えた人ほど、すでに知的謙虚さを持っている可能性があります。逆もまたしかりで、もしあなたが「私は知的謙虚さがある」と感じたなら、それは危険信号です。

「知的謙虚さ」を鍛える3つのトレーニング

「知的謙虚さ」はまだ研究の歴史が浅い概念ですが、ここ数年の調査により、トレーニングで鍛えられることがわかってきました。代表的なものを3つ紹介しましょう。

1　メリット学習法

「メリット学習法」は、もっとも手軽なトレーニング法のひとつ。そのやり方はとてもシンプルで、「知的謙虚さのメリットを学ぶ」だけで構いません。「知的謙虚さにはどのような効果があるのか？」「知的謙虚さが身につくとどのような変化が起きるのか？」といった疑問の答えを知るだけで、十分なトレーニングとして機能します。

「そんな簡単なことでいいのか？」と思われたかもしれませんが、この手法は、昔から知的謙虚さ研究の世界で使われてきた、由緒正しいトレーニングのひとつです(13)。

当たり前ですが、私たちの多くは、具体的なメリットを感じられない限り、自分の行動を変えようとはしません。自分の間違いを進んで認めたがる人などおらず、よほどの得でもなければ、謙虚さを学ぶモチベーションなど上がらないでしょう。知的謙虚さを身につけるには、まずはそのメリットを理解するのが最初の一歩です。

それでは、ここ数年で報告された、知的謙虚さのメリットを見てみましょう。

メリット1　事実の見極めがうまくなる

2017年のデューク大学による研究では、知的謙虚さのレベルが高い人ほど、科学的に正しい健康法と怪しい健康法の違いを、より明確に区別できていました。知的に謙虚な人は、自分の考えが間違っている可能性をつねに意識しており、そのおかげでエビデンスの質に注意を払うのがうまいようです(14)。

メリット2　幅広い知識が身につく

心理学者のマーク・リアリーらによる研究では、知的に謙虚な参加者は、自分の意見とは異なる主張を理解するために多くの時間を費やし、同意できない考え方についても深く考えていました(15)。結果として、自身が持つ知識の限界を超えた、幅広い知識を身につけられるわけです。

メリット3　他人に好かれやすくなる

知的謙虚さが高い人は、意見が異なる人も積極的に受け入れるため、他人から好かれやすくなります。ホープ大学の2015年の研究(16)によれば、知的謙虚さを持つ人は、たった30分ほどコミュニケーションを取っただけでも、相手から肯定的な評価を受けました。

メリット4　恋愛でも有利になる

知的謙虚さと恋愛の関係性を調べた研究では、知的謙虚さのレベルが高い人ほどモテやすく、知的謙虚さが低い人よりもパートナーシップに満足していることがわかりました(17)。知的謙虚さが高い人は、対人関係の問題を解決するのがうまく、それゆえに恋愛のトラブルにも強いのだと考えられます。

簡単にまとめると、知的謙虚さを持つ人は、より世の中の真実に近づきやすく、他人とのコミュニケーションもうまい傾向があります。これらのメリットを頭に入れつつ、日ごろから知的謙虚さを意識してみてください。

2 エラー確認法

知的謙虚さのメリットが頭に入ったら、次は「エラー確認法」も試しましょう。メリット学習法と同じぐらい手軽で、なおかつ効果の高いトレーニング法です。

実践の際は、ふたつのステップで行います。

❶ 何かに確信を持ったら、いったん立ち止まる

❷「私は間違っているのではないだろうか？」と自問する

ネットで理解に苦しむ主張を目にしてイライラしたら、「私が間違っているのでは？」と自問してみる。上司の指示は絶対に違うと思ったら、「自分がおかしい可能性は？」と検討してみる。友人が無条件でこちらの意見に賛成してきたら、「じつは私が誤っている点があるのでは？」と考えてみる。

「これは絶対に正しい」という確信が生まれたら、その気持ちはとりあえず脇に置き、あなた自身が誤っている可能性を考えましょう。この作業の積み重ねが、私たちの知的謙虚さを養ってくれます。

このトレーニングで効果が出る理由を説明しましょう。

そもそもの話として、世の中の議論において、明確な白黒がつくことはまずありません。事実の誤認でもあれば別ですが、たいていは、正しい認識と誤った認識が複雑に入り混じり、簡単に結論を出せないケースばかりでしょう。要するに、私たちのなかに絶対の確信が生まれた時点で、その認識は間違いである可能性が高いのです。

しかし、先述のとおり、人間は自分の考え方にしがみつく生き物です。少し気を抜くだけでも、私たちはすぐに知的謙虚さを忘れ、自分の正しさになんら疑いを持たず、最後は思考の柔軟性を失ってしまいます。

この問題を根本から解決する特効薬はなく、基本的には、折に触れて自分を疑うしかありません。「確信を持ったら疑う」と念頭に置きながら、適度に自信を失い続ける作業を日々くり返しましょう。

3 他者解説法

知的謙虚さを養うためには、自己分析が欠かせません。自らを正しく理解しないことには、自分の能力の限界を把握することができず、「私の知識は不十分だ」という考え方にすらたどりつけないからです。

そこで試す価値があるのが、「他者解説法」というトレーニングです。もともとは社会科学の分野から生まれた技法のひとつで、鬱《うつ》や不安に苦しむ人たちの症状を緩和するために使われてきました。

他者解説法は、次のステップで行います。

❶ 身の回りにあるものから、適当なテーマをひとつ選ぶ

❷ そのテーマを、どれぐらい他人にうまく説明できそうかを10点満点で評価する

❸ 友人やパートナーなどに、そのテーマをわかりやすく解説する

❹ そのテーマを、他人にどれぐらいうまく説明できたかを10点満点で評価する

ここで友人に解説するテーマはなんでも構いませんが、あなたの専門や趣味のジャンルから探すよりは、身の回りの一般的なものごとから選ぶのがおすすめです。「海が塩辛い理由」「消費税の仕組み」「ファスナーを開け閉めできる理由」といったように、身近すぎて普段は気にも留めないようなテーマを選ぶほうが、トレーニングの効果は上がります。

イェール大学などの研究によれば、他者解説法を試した被験者は、大半が実験の終わりに理解度の採点を1〜3点ほど下げたとのこと(18)。そのおかげで他者への尊大さも減り、自分と異なる意見にも寛容な態度を示すようになりました。

その理由は詳しく説明するまでもなく、**他者への説明をくり返すうちに、自らの知識の限界を思い知らされる**からです。

たとえば、「海が塩辛い理由」を他者に解説したらどうなるでしょうか？

「海水が塩辛いのは塩化ナトリウムが溶けているからだ。そうなったのは、岩石に含まれる塩化ナトリウムが流れたのが原因だが、海水で岩が溶けた理由というと……」

海水と塩化ナトリウムの関係までは話せても、塩酸を含むガスが原初の地球を取り囲んでいたところまで説明できる人は少ないでしょう。「海は塩辛い」という身近な事実ひとつ取っても、私たちの知識はすぐに限界を迎えます。その事実を何度も認識することで、私たちの脳は、少しずつ謙虚さを学んでいくのです。

他者解説法を実践する時間に決まりはないものの、できれば1日5分を4週間ほど続けるとよいでしょう。気の知れた友人を集めて、ゲームを行うような気持ちで取り組んでみてください。

あてのない旅には、新鮮な驚きが多い

本章では、人生の攻略のヒントを察知する能力を養う方法をお伝えしました。どのトレーニングも、あなたの視野を広げ、身の回りに起きた良い偶然に気づくスキルを高めてくれます。

ただし、本章の内容を実践する際は、必ず「目標志向を捨てる」ことを意識してください。たとえば、視野拡大アクションで「1日30分運動する」と決めた場合は、「5キロ痩せる」「もっと健康になる」といった目標を設定するのはよくありません。

明確なゴールを決めた時点で、あなたの意識は目標の達成に注意が向きやすくなり、そのぶんだけ視野が狭くなってしまいます。運動を行う際は、「気持ちよく体を動かせればよい」ぐらいの目的を持つのがベストです。

どこに行くか決めずに出た旅は、それだけ新たな驚きに出会う確率も上がります。それと同じように、明確な目標を避けることで、あなたに起きる偶然も、より豊かなものになるはずです。

3章

メインクエストに挑む

――幸運＝（行動×多様＋察知）×回復

！

ついにほんとうのバトルが
はじまった

『UNDERTALE』より

運を活かすには、多彩な行動だけでは足りない

1886年、アメリカの薬剤師だったジョン・ペンバートンは、新たな調合薬の開発中に水と間違えて炭酸水を使ってしまったところ、おいしい清涼飲料水の開発に成功。これに「コカ・コーラ」という名をつけ、疲労回復に効く薬用ドリンクとして売り出しました。

その後、事業は少しずつ成長を続けましたが、ほどなく思わぬ事態が起こります。コカ・コーラの販売を始めてから2年が過ぎたころ、ペンバートンはコカ・コーラの権利をたった1ドルで売り渡してしまったのです。

この事件には複数の原因が存在しますが、なかでも大きかったのは、ペンバートンが薬用ドリンクとしての販売にこだわったため、思いのほか売り上げが伸びなかったせいだとされます。コカ・コーラがいまの地位を確立したのは、事業家のエイサ・キャンドラーがコカ・コーラの権利を買ったあとで、商品をスタイリッシュな瓶《びん》に詰め替え、「爽やかな清涼飲料水」としてブランディングし直してからのことでした。

このエピソードからわかるのは、人生を探索して多様な経験を積むのが大事なのはもちろん、それと同時に、**特定のアクションにコミットし続ける作業も欠かせない**という点です。簡単に説明しましょう。

ここまでのプロセスで、私たちは運の発生率を高めてきました。

1章では行動量と多様性のふたつを増やして、良い偶然が舞い込む確率を改善。続く2章では、「問い」のパワーを使って世界の変化に気づく能力を養いました。ここまでのトレーニングをひとつかふたつこなすだけでも、運をつかむチャンスは確実に増えるでしょう。

とはいえ、この段階でトレーニングを終えてしまうと、大きな成功は望めません。コカ・コーラを生んだペンバートンは、「おいしい液体の開発」という運には恵まれたものの、途中で販売を投げ出したせいで、自分の発明が持つポテンシャルを活かせませんでした。

私たちの生活でも似たケースは多く、もしプレゼンの準備中に偶然良いデータが見つかったとしても、その情報をわかりやすくまとめる手間を怠ったら、大きな成功はつかめません。久々に会った友人から良い案件を振られたとしても、その依頼を最後までこなさなかったら、次の仕事にはつながりません。**運を存分に活かすには、多彩な行動だけでは足りない**のです。

〝人生の確変状態〟は、ただの偶然でしかないのか？

せっかくつかんだ運のポテンシャルを活かすにはどうすべきか？

その方法を探すために、いったん**「ホットストリーク」**という現象について考えてみましょう。

ホットストリークはギャンブルの世界でおなじみの言葉で、ポーカーやルーレットなどで連勝が続く状態のことです。いわゆる「勝利が勝利を生む」状態で、ホットストリークに入った者は、通常よりも高いパフォーマンスを発揮します。いわば、**〝人生の確変状態〟**です。

この現象が起きるのはギャンブルだけでなく、スポーツ、アート、ビジネスなどの世界でも似たような現象が起こることは珍しくありません。

たった9年のあいだに『バック・トゥ・ザ・フューチャー』シリーズや『フォレスト・ガンプ／一期一会』などの傑作《けっさく》を連発した映画監督のロバート・ゼメキスや、ノーベル賞につながる研究を数年で成し遂げたジョン・フェンが良い例でしょう。ごく短い期間で、後世に残るレベルの成果を達成した天才の例はいくつも見られます。

しかし、ここで誰もが気になるのは、「ホットストリークは偶然の産物なのか？」という点でしょう。もしホットストリークに偶然以外の要素があるのなら、私たちでもゼメキスやフェンと同じような人生の確変を起こすことができるはず。ホットストリークの発生はただの偶然なのか、それともなんらかの発生条件があるのでしょうか？

その答えを探るために、ノースウェスタン大学のホットストリーク研究を確認してみます(1)。

調査を始めるにあたり、研究チームは、まずゴッホやジャクソン・ポロックといった有名アーティスト２１２８人のキャリアを分析。80万枚におよぶ作品データをＡＩ

が深層学習で処理し、それぞれのアーティストがたどった作風の変遷を定量的に調べました。さらに、同じように4337人の映画監督の作品データ約7万9000本、2万40人の科学者が出した学術論文などもまとめ、それぞれが世界にもたらしたインパクトをチェックしています。要するに、研究チームは、画家・映画監督・科学者という3つのジャンルで、ホットストリークの発生パターンを調べたわけです。

その結果を一言でまとめると、次のようになります。

「ホットストリークに入った者の多くは、直前に多様な実験を行ったが、連勝が続いてからはリソースを一点に集中していた」

多くの成功者は、キャリアをスタートさせてしばらくは、複数の対象にリソースを分散させ、いろいろなスタイルやテーマで試行錯誤を重ねていました。しかし、なんらかの成果が上がったあとは、ひとつの表現や研究だけにリソースを集中させ、それまでの経験を活かしてより豊かな成果を生み出す傾向があったのです。

天才は「幅広い実験」と「一点集中」をくり返す

ホットストリークを起こした有名人の例を、いくつか挙げましょう。

◉ポスト印象派を代表する画家のゴッホは、1888年よりも以前は、静物画や鉛筆画などを中心に手がけ、ミレーの作品に似たアースカラーを好みました。しかし、ホットストリークが起きたあとは画風を一変させ『夜のカフェテラス』や『ひまわり』のように色鮮やかな名作を次々に生み出しています。

◉映画監督のピーター・ジャクソンは、かつてはゾンビ映画や幻想ミステリーを得意とするカルトな作風で知られましたが、2001年から発表した『ロード・オブ・ザ・リング』や『ホビット』3部作でホットストリークに突入。前例のない成功を手にしましたが、その後はドキュメンタリー映画の制作に軸足を移し、いまも新たなスタイルを模索し続けています。

◉化学者のジョン・フェンは、ホットストリークに入る前は、分子ビームからジェット推進といった複数のテーマを手がけましたが、エレクトロスプレーイオン化の研究で成果を上げたあとは同じテーマへ集中的に取り組み、2002年にはノーベル化学賞を手にしました。

◉抽象画の大家であるジャクソン・ポロックは、伝統的な西洋絵画やシュールレアリスムといった複数のスタイルを、長年にわたって試し続けたアーティストです。しかし、1974年からホットストリークに入ったあとは、床に置いたキャンバスに顔料をまき散らす「ドリッピング」という手法にリソースを注ぎました。

ホットストリークを起こした天才は、みな「幅広い実験」と「一点集中」をくり返していました。このトレンドは、絵画・映画・科学の3分野すべてで確認されたうえに、19世紀から現代までのどの時代にも似た傾向が見られたことから、普遍性が高い現象なのだと考えられます。

また、この傾向は逆もまたしかりで、研究では以下のような結果も得られています。

◉幅広い実験をくり返したあとで焦点をひとつに絞らないと、ホットストリークの発生率は大きく下がる

◉ホットストリークが落ち着いたあとで、再び幅広い実験に戻らなかった場合も、その後のホットストリークの発生率は大幅に下がる

つまり、**「幅広い実験」と「一点集中」はつねにワンセット。**この**ふたつを交互にくり返すことで、私たちは運を正しく活かせる**ようになります。

何度も見てきたように、たんに世界を探索しただけでは、私たちは運のポテンシャルを引き出せません。RPGのメタファーで言えば、攻略のヒントをつかんだところでプレイをやめてしまうようなものであり、そこからさらに重要なクエストに挑まなければ、エンディングに向かうのは不可能でしょう。

そこで本章では、2章と同じく、運の方程式における「行動」を再び取り扱います。ただし、2章では行動の「量」にこだわったのに対し、本章でフォーカスするのは行動の「質」です。

ただ大量の行動をこなすのではなく、**特定の行動を継続する能力を養い、運のポテンシャルを引き出す。**これが本章の目指すゴールです。

継続のスキルを身につける3つのトレーニング

継続のスキルを身につけるために、本章でも3つのトレーニングを用意しました。

❶　成長領域トレーニング
❷　忍耐のマイクロドーズ
❸　自己調和ゴール分析

いずれも心理療法やコーチングの世界などで使われてきた技法で、クライアントの継続力や行動力を高める働きが認められています。すべてのトレーニングを行う必要はないので、12～13ページのテスト結果を参照しつつ、自分に足りないスキルを重点的に伸ばすようにしてください。

継続スキル訓練1　成長領域トレーニング

実践に移りましょう。

継続のスキルを高めるにあたり、まずは「成長領域トレーニング」をご紹介します。私たちの行動力を高めるためにデザインされた技法で、スタンフォード大学の心理学チームが提案したアイデアをもとに、筆者がトレーニングとして組み直したものです（2）。

トレーニングの基礎を理解するために、まずは151ページの図をご覧ください。これは、私たちが能力を伸ばす際にたどる道筋を、おおまかな概念図としてまとめたものです。その意味を簡単に説明しましょう。

◉快適領域

一番上に位置する「快適領域」は、私たちが「自分のやるべきことをコントロールできている」と感じられるエリアです。慣れた仕事、昔からの趣味、仲間との会話などが典型的な例で、このような状態では、自分の行動がもたらす結果を完全に把握できるため、不安に悩むことはありません。しかし、その一方では、慣れた行動しかしないため、思わぬ運には恵まれにくくなります。

◉恐怖領域

快適領域を出たあと、私たちは「恐怖領域」に移ります。文字どおり、強い不快感と不安に襲われやすいエリアで、仕事を変えたり、苦手な人と会話したりと、新しい行動を始めたばかりの人は、たいていこの領域を体験します。

そのため、私たちは反射的にこの段階を避けようとし、恐怖領域を逃れる理由を探そうとします。「自分がやるべきことではない」「こんなことをしても意味がない」といった言い訳を考え、快適領域に戻ろうとするのです。このエリアにとどまっていたら、成長が望めないのは言うまでもありません。

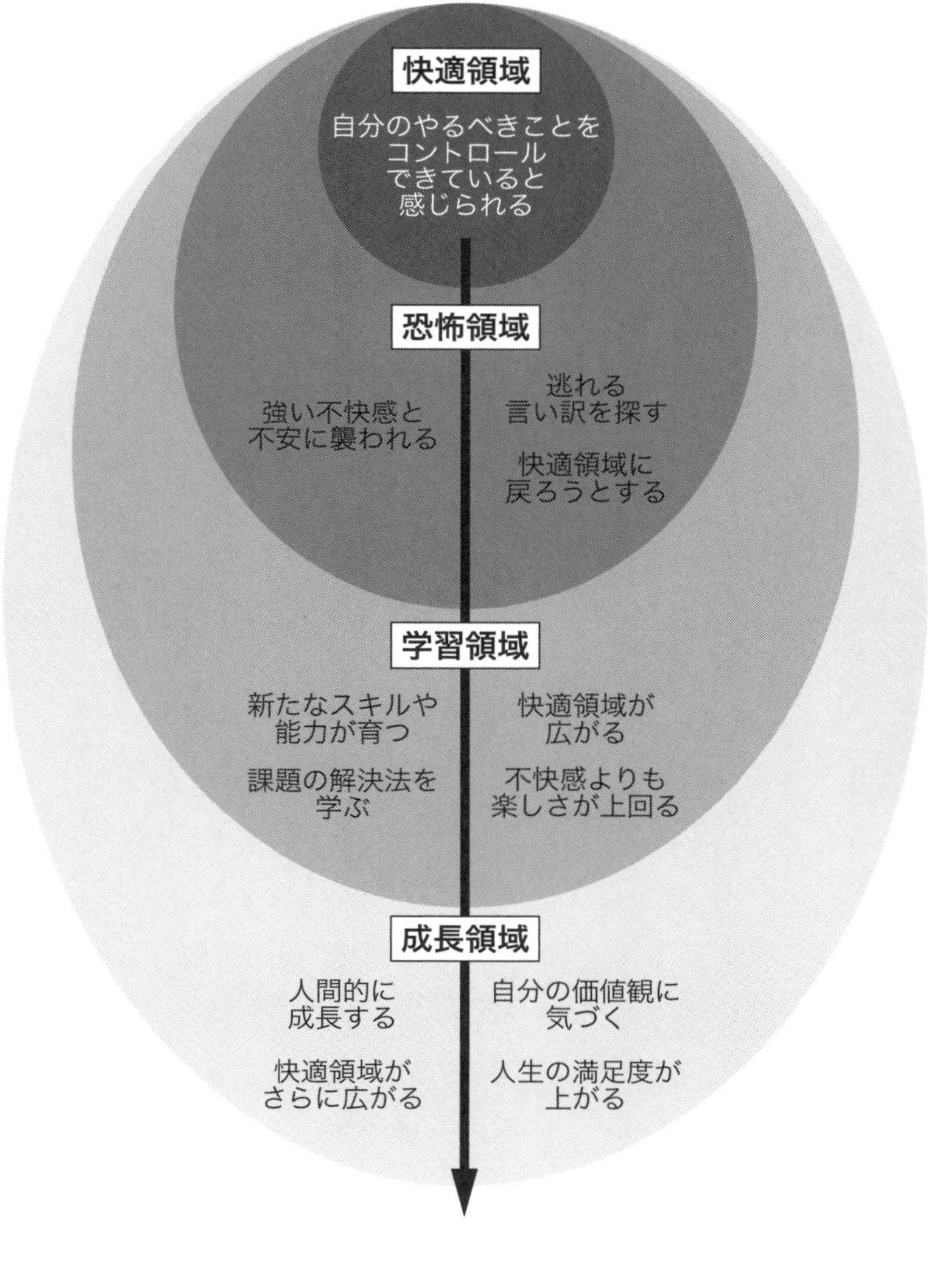
快適領域
自分のやるべきことを
コントロール
できていると
感じられる
恐怖領域
強い不快感と
不安に襲われる
逃れる
言い訳を探す
快適領域に
戻ろうとする
学習領域
新たなスキルや
能力が育つ
課題の解決法を
学ぶ
快適領域が
広がる
不快感よりも
楽しさが上回る
成長領域
人間的に
成長する
快適領域が
さらに広がる
自分の価値観に
気づく
人生の満足度が
上がる

◉学習領域

恐怖領域の次に待つのが「学習領域」です。新たなスキルや能力が育ち出すエリアで、不快感よりも楽しさが上回りはじめます。いったんこのエリアに入れば、どのような行動でもポジティブに取り組めるため、少しの失敗にもへこたれません。

◉成長領域

学習領域で長い時間を過ごした人は、「成長領域」に移ります。学習領域で養ったスキルを使って重要な行動に時間を費やすことができるため、人間としての成長が望めるほか、人生の意義も深められるエリアです。

意識して人生の領域を広げていかねばならない

以上の説明は抽象的なので、架空の人物を例に説明しましょう。

会社員のAさんは、昔から人前で話すのを避けてきた人物です。たとえスピーチやプレゼンを頼まれても可能な限り同僚に押しつけ、自分は決して人前に立とうとはしません。そのおかげで、Aさんはスピーチの恐怖に悩まされず、快適領域にとどまることができていました。

ところが、そんなある日、Aさんは「次の会議で新しいプロジェクトを説明してくれ」と上司から頼まれます。プロジェクトの全容はAさんしか把握しておらず、スピーチを任せられる人はほかにいません。

話を聞いたAさんは、直後から恐怖領域に入りました。スピーチへの不安と恐怖が交互にわきあがり、「逃げ出せないか?」「仮病を使えないか?」といった思考が次々と浮かびます。Aさんの脳が「快適領域にいたい」と願い、どうにかして新たなチャレンジから遠ざかろうと試みている状態です。

しかし、だからといって人前で話すのを避け続けたら、人前でも平常心を保つスキル、資料をまとめるスキル、情報をうまく伝えるスキルなどが育ちません。そんな人には、新たなチャンスも舞い込みにくいでしょう。

そう考えたAさんは、恐怖領域から外に出ることを決意。スピーチが得意な同僚に相談したり、情報を組み替えて伝わりやすくしたりと、不安や心配に襲われながらも、いまできる対策に取り組みはじめました。

すると、やがてAさんの内面に変化が起きます。自分なりの試行錯誤を進めるうちに、新たな知識やスキルを学ぶ作業が快感に変わり、少しずつ気分が前向きに変わりはじめたのです。

このとき、Aさんは「学習領域」にいます。決してスピーチの恐怖が消えたわけではないものの、同時に自分の能力が上がる心地良さも感じ、自ら進んで未知の情報を取り入れたくなった状態です。

初めて心地良さを覚えたAさんは、快適領域に戻りたい衝動を抑えつつも、人前でのスピーチを何度かくり返しました。もちろん、その過程では大きな失敗もありましたが、同僚からのフィードバックをもとに、トークや情報リサーチのスキルに磨きをかけていきます。

こうして学習領域で経験を積み重ねた結果、ついにAさんは「成長領域」への移行がスタート。スピーチに自信を持ちはじめたAさんは、さらにスピーチスキルが上達し続け、何よりも人前で自分の意見を言うこと自体に意味を感じられるようになりました。

成長領域への移行により、Aさんの人生が広がったのは間違いありません。人前で話すことに深い意味を感じられれば、自分から進んで周囲に意見も言えるでしょうし、そのおかげでAさんの考え方を知る人の数も増え、結果としてより大きな仕事が舞い込むチャンスも増えるはずです。

もしAさんが快適領域の暮らしを選んだら、こんな結果にはならなかったでしょう。いつまでも恐怖と不安で縛られた生活にとどまり、仕事やプライベートで得られたであろうチャンスを逃し続けたはずです。

快適領域の暮らしは、一時的な安心こそもたらしてはくれるものの、他方では**人生の可能性を奪う呪い**にもなります。自分の未来を自らの手で縛りたくないなら、意識して人生の領域を広げていく必要があるのです。

成長領域トレーニングを実践する5つのステップ

成長領域の重要性を理解したところで、実際のトレーニング法を見ていきましょう。成長領域トレーニングは5つのステップで構成され、それぞれで「あなたはいまどの領域にいるのか？」を考えていきます。実践の際は、ひとつのステップごとに10～15分かけてみてください。

ステップ1　いまの「快適領域」を確認する

次の質問を読みながら、いまの自分の人生について考えてみましょう。

◉いまの仕事やプライベートにおいて、すぐに快適領域を出て、恐怖領域に踏み込まなければならないようなことは起きていないだろうか？

◉本当はやりたいことや興味のあることが存在するのに、恐怖や不安のせいで手を出せないことはないだろうか？

思いついた答えがあれば、すべて書き出してください。

例：やりがいのない仕事を続けており、転職するか、または上司に異動を切り出したほうがよいと感じる／知り合いが少ないパーティーへの誘いをつい断ってしまう／格闘技をやってみたいが、まだ初心者なので道場に入るのを躊躇《ちゅうちょ》している／ネットに作品を発表したいが、批判されそうで踏み出せない

ステップ2 「恐怖領域」を特定する

次の質問を読みながら、あなたなりの〝恐怖〟について考えてみましょう。

◉あなたが快適領域から恐怖領域に足を踏み入れたとしたら、どのような思考と感情の動きを経験するでしょうか？

◉あなたが恐怖を感じたときに現れる特徴的なサインはどのようなものですか？

自分なりの〝恐怖のサイン〟が見つかったら、思いつく限り書き出してください。

例：不安を感じて同じことばかり考える／心臓の鼓動が速くなり、頭が重くなる／自信のなさを感じる／「こんなことはできない」「自分には十分な頭脳がない」「いまはお金が足りない」といった批判的な考えが浮かぶ

ステップ3　「学習領域」を想定する

次の質問を読みながら、いまの自分の人生で〝逃しているもの〟について、考えてみてください。

◉ステップ1の快適領域にとどまっていることで、あなたが本来は手に入れられるはずのものを逃していないでしょうか？

◉もしあなたがステップ2の恐怖領域に耐えられなかったとしたら、どのような学習の機会を逃すことになるでしょうか？

思いつく答えがあれば、すべてを書き出してください。

例：知り合いが少ないパーティーへの誘いを断ることで、社会性を身につけたり、新しい友人を作ったり、楽しい時間を過ごしたりといった機会を逃してしまう／やりがいのない仕事を続けることで、もっと楽しい人生を送るチャンスや、幅広いスキルを身につける可能性を失ってしまう

ステップ４「成長領域」の可能性を見出す

次の質問を読みながら、今後のあなたの人生における〝成長の可能性〟について考えてみてください。

◉あなたがステップ３の学習領域に長くとどまることができたら、どのような成長が期待できるでしょうか？　成長した自分自身について、あなたはどのような感覚を抱くでしょうか？

◉あなたが学習領域にとどまり続けることで、人間としてどのような変化が見込める

でしょうか？　この学習によって、個人的なレベルでより根本的な何かを得ることができるでしょうか？

◉自分の成長は、あなたの友人や家族との関係にどのような影響を与えるでしょうか？

思いつく答えがあれば、すべて書き出してください。

例：慣れないパーティーに何度か参加すれば、初対面の人と雑談するスキルが身につくだろう。そうなれば、新しいスキルを会社の仕事にも活かせて、誇らしい気分になるかもしれない／格闘技をやってみたら、少しは強くなるはずだし、少なくともいまより体力はつくだろう。そうなれば、自分の成長への自信がつきそうだ

ステップ5　「活動」を考える

最後に、ここまで考えてきた答えをもとに、あなたが明日から取りかかれる具体的な活動を決めていきましょう。ここまでのステップで書き出した「快適領域」と「恐

怖領域」のリストを見つつ、以下の質問について考えてください。

◉あなたが「快適領域」を飛び出して行動するために、すぐにできることはなんでしょうか？　「恐怖領域」のサインを軽くするために、すぐにできることはなんでしょうか？　最低でも3つ考えて書き出してみましょう。

◉すぐにできる3つのことを思いついたら、それぞれの行動を実行する期日を決め、書き出してください。

例：3月4日に会社が主催するパーティーに参加する／明日の13時に、近所の道場へ体験入門を申し込む／このあとすぐに転職サイトに登録してみる

成長領域トレーニングのやり方は以上ですが、もしステップ1で自分の「快適領域」をすぐに思いつけなかったとしても、気落ちはしないでください。多くの人にとって、「快適領域」は長年の暮らしで身についた自然なライフスタイルなので、意識できなくとも不思議ではありません。不健康な生活を続けると、生活習慣病に気づけ

なくなってしまうのと同じです。

ステップ1の作業に手間取った場合は、1章で取り上げた「好奇心アクションリスト」（61〜65ページ）のなかから、「興味はあるが手をつけられない」活動を選んでみましょう。そのほかにも、「なぜか重い腰が上がらないタスク」「なぜか先延ばしにしてしまうタスク」なども、成長領域トレーニングの素材として使えます。

いずれにせよ、興味があるのに実践できないのは、そのアクションに対してなんらかの不快感を抱いている証拠。その不快感を使って自己分析を進めるのが、このトレーニングのポイントです。

継続スキル訓練2　忍耐のマイクロドーズ

継続力を高めるためにもうひとつ試してほしいのが、「忍耐のマイクロドーズ」です。

マイクロドーズは薬物の臨床テストで使われる言葉で、ごく少量の成分で効果を確かめる手法のことです。これと同じように、忍耐のマイクロドーズでは、あなたにとって少量の我慢を必要とするタスクにあえて挑み続け、その積み重ねによって継続力の向上を狙います。

このトレーニングで継続力が上がるのは有名で、マッコーリー大学などのテストでは、運動不足の男女に30分の運動メニューを与え、「週1のジム通いを2カ月続けてください」と指示(3)。それと同時に、ストレスの変化、アルコール摂取量、ジムに通った回数なども記録させています。

その結果は、じつに興味深いものでした。指示のとおりにジムに通えた参加者の大半は、たんに運動の習慣が身についただけでなく、アルコールやタバコの量が減り、貯金の額、野菜を食べる量、勉強の時間などまで増えたのです。つまり、週1のペースで運動を行っただけで、人生のあらゆる面が改善したことになります。

このような現象が起きたのは、参加者たちが忍耐をマイクロドーズしたからです。

1回30分の運動を週に1回ずつ行っただけとはいえ、運動習慣がない参加者がジム通いを続けるには、それなりの忍耐が必要だったでしょう。そんな小さな我慢を何度も体験するうちに、参加者のなかに「自分はできる人間だ」「嫌なことに負けない人間だ」などの自覚が育ち、このメンタリティが**人生を変えるモチベーションを生んだ**のです。

もちろん、忍耐のマイクロドーズは、定期的な運動でなくとも実践できます。トレーニングを行う際は、以下の条件を参考にしつつ、あなたに適した活動を選んでください。

❶ 実行の際に、少しだけ忍耐を必要とするタスクを選ぶ

❷ あなたが「これを我慢すればメリットがある」と信じられるタスクを選ぶ

まず大事なのが難易度の設定です。具体的なタスクを選ぶ際は、あなたが「少しがんばればできるだろう」と思えるものを選んでください。

判断の基準は主観で構いませんが、目安としては、あなたが「どうがんばっても無理だ」と感じるタスクを10点、「なんの苦もなくできる」タスクを1点としたときに、3〜4点ぐらいの努力で実行が可能な活動を選ぶのがおすすめです。

また、もうひとつ重要なのは、そのタスクに対して、あなたが長期的なメリットを感じられるかどうかです。「酒を控えれば健康になる」「ゲームを我慢すれば勉強時間ができる」「部屋を片づければ気分が良くなる」など、我慢に対するリターンが明確な活動を探してみましょう。

もし適当な行動を思いつかないときは、「忍耐のマイクロドーズリスト」（166〜170ページ）を使うのも手です。これは46種類のアクションで構成されたリストで、あなたの日常に軽い忍耐を導入し、ものごとを継続するスキルを身につけるためのトレーニングとして、パーソナリティ心理学の世界で開発されたものです。

南メソジスト大学などの研究によれば、このトレーニングを積んだ被験者は、自分が決めたことを続ける能力が高まり、難しいタスクにもあきらめずに取り組むように変化したとのこと(4)。「自分は忍耐がなくて……」「私は飽きっぽくて……」などと思っている人ほど大きな効果を得られます。

リストの使い方は「好奇心アクションリスト」（61〜65ページ）と同じで、まずはすべての項目を確認したうえで、あなたが「これなら少し我慢すればできそうだ」と思えるものを選び、週に1〜4つずつのペースで取り組みましょう。実践する期間は、4週間を目安にしてください。

忍耐のマイクロドーズリスト

1	仕事や勉強の最中はスマートフォンをポケットに入れ、作業のあいだは絶対に見ないようにする
2	仕事やイベントの準備をいつもより10分早く始める
3	スマートフォンのホームスクリーンに散らばったアイコンを整理する
4	生産的に働くことのメリットについて考え、そこで思いついたことを紙に書き出す
5	周囲が自分に期待していそうな行動のリストを書く（例：イベントに参加する、課題や仕事に貢献する、物資を提供する）
6	授業、仕事の約束、その他の活動に、必ず5分前に到着する
7	翌日の着替えを前日の夜までに用意しておく
8	メールやテキストを送る前に、丁寧に誤字脱字を校正する
9	日用品のように、重要ではないが買わなければならないものをメモする
10	やらなければならないことに気づいたら、スマートフォンやカレンダーにメモする（例：課題、家事、請求書、約束）

忍耐のマイクロドーズリスト

11	30分かけて、長期的な目標と短期的な目標のリストを書き出してみる
12	後回しにしていることを特定し、そのタスクを先延ばしにしている理由を5分間かけて書き出してみる（「どうやって始めたらいいかわからない」など）
13	食事が終わったら、すぐに皿洗いをして片づける
14	請求書を受け取ったらすぐに支払う
15	学校や職場の課題を、締め切りの1週間前までに終わらせる
16	学校や職場の課題をひとつ特定して、少なくとも2日前に終わらせる
17	朝起きたら、その日に達成したいことをリストアップする
18	イベントに参加する前日の夜までに、必要なものを想定してバッグに入れておく
19	仕事や学習の妨げになるようなことを5分以上書き留め、それを解決するための戦略を練る
20	寝る前に、次の日のＴｏＤｏリストを作成する

忍耐のマイクロドーズリスト

21	毎日1時間の学習時間を確保し、その時間を使って勉強をする
22	自分の部屋の小さなゴミを片付ける
23	作業デスクの上を整理してきれいにする
24	後回しにしていた家事を実行する（例：洗濯、掃除、書類作成など）
25	少なくとも2日前までに友人とランチやディナーの約束をして、実行する
26	授業や仕事でやらねばならない課題をひとつ選び、提出する前に自分の解答を注意深くダブルチェックする
27	達成したい具体的な目標を特定し、そのタスクを達成するために必要な行動をすべて書き出す
28	重要なイベントだけでなく、読書や映画といった趣味の活動の予定もカレンダーに書き込んでおく
29	本気で集中して重要な作業に取り組む時間を持つ。スマートフォンの通知を消し、インターネットを見たりせず、最低でも30分間は、ただ目の前の活動にのみ集中する（掃除や勉強など、自分で重要だと思えれば活動の内容はなんでもよい）

忍耐のマイクロドーズリスト

30	友人に手伝いを頼まれたら、具体的な計画を立てて、そのとおりに実行する
31	授業や仕事で学んだ重要な用語や概念をスマートフォンにメモしておく
32	教師と勉強法について話し合う。または、上司と仕事をスムーズに進める方法について話し合う。なんらかの答えが出たら、その方法を最低でも30分は実践する
33	最近やった作業について考え、自分の仕事ぶりを率直に批評し、改善できる点を見つけて書き出す
34	やらなければならないことに気づいたら、それを行う時間をカレンダーに書き込み、予定したとおりにその活動を行う（課題や雑用、請求書作成など）
35	その日にやるべきことをすべてカレンダーに書き込み、そのとおりにすべてのタスクをこなす
36	達成したい短期または長期のゴールを明確にし、その目標に向かうための具体的で小さな一歩を見つけ、それを実行する
37	約束したことをスマートフォンやカレンダーのメモに書き留め、そのとおりに守る
38	タスクをあきらめそうになったら、数分間の休憩をとって頭をスッキリさせたあとで最後までやり遂げる
39	自分が必要としているタスクをリストアップし、それぞれに応じた時間を確保する（例：やらなければならないタスク、コミュニケーションの時間など）

忍耐のマイクロドーズリスト

40	特定の課題をひとつ選び、それに全力で取り組む
41	毎日の睡眠時間を決めて、時間どおりに寝て起きる
42	カレンダーに書き込んだすべての活動を、5分前から着手する。または、5分前に現場に到着する
43	1日の計画を立て、すべての授業、約束、社会活動をカレンダーに記入する。書き込んだ予定は1時間ごとに確認し、もし遅れが出たらスケジュールを立て直す
44	やらねばならない雑用や課題をひとつ選び、それをいつもより高いクオリティで実行する
45	最近やったことのなかで、もっとうまくやりたかったと感じている具体的な仕事や課題をひとつピックアップ。そのタスクをやり直し、納得できるまで実行する
46	自ら進んで何かの責任を負う (例：イベントを主催する、グループプロジェクトのリーダーになるなど)

リストの内容は以上ですが、もしこれらのアクションに慣れてきたら、少しずつ忍耐のレベルを上げてください。目安としては、あなたが「どうがんばっても無理だ」と感じるタスクを10点としたときに、5~7点ぐらいのレベルを目指すとよいでしょう。逆に、最初に選んだアクションが思ったより難しかった場合は、いったん難易度が低いものを選んでやり直してください。

自己と調和するゴールにリソースを注ぐ

本章では、ここまで継続力を養う方法を見てきましたが、途中で次の疑問を抱いた人もいるでしょう。

「継続が重要なのはわかったが、どの偶然に力を注ぐべきなのか?」

何度も見てきたように、運の総量を増やすための行動とは、日々の生活で新たな体験に挑み続け、良い偶然との遭遇率を上げていくことにほかなりません。しかし、そのプロセスで舞い込んだすべての偶然に同じ量のリソースを注いでいたら、いくら時間があっても足りないのも事実です。

たとえば、あなたが新たなスキルを身につけるために、英語、統計、歴史の学習を一度に始めたとしても、すべての勉強に同じ労力を使っていたら、どれも半端な知識を学んだだけに終わるでしょう。どこかのタイミングで「統計をメインにする」などと決めなければ、すべてが表面をなでただけで終わりかねません。これは人間関係についても同じで、せっかく複数の人と知り合ったのに、誰か特定の相手との仲を深めなかったら、大きな成果は上がりにくいはずです。

とはいえ、なんの基準もないまま、ひとつの活動に的を絞るのは、簡単な作業ではありません。

1~2章のトレーニングを行えば、誰でも良い偶然が舞い込む確率は上がりますが、そのなかから、とくにあなたが継続力を発揮できそうなものを選ぶための基準など、はたしてあるのでしょうか？

いかにも難題ですが、じつはある程度の目安なら存在します。もちろん運の世界に絶対の正解はないものの、特定のガイドラインを使えば、あなたがコミットすべき活動を選ぶのも不可能ではありません。

そのガイドラインとは、一言で言えば次のようなものです。

「自己調和ゴールを目指す」

「自己調和ゴール」とは、私たちの価値観、才能、興味に適したアクティビティのことです。この考え方では、私たちが持つモチベーションの種類を、4つのパターンに分類します(5)。

◉外的動機

報酬を受け取るため、または罰を避けるためなど、外部からの期待や要求だけに基づいて発揮されるモチベーションです。「上司に言われたからやる」「みんながやっているからやる」「良い商品をもらえるからやる」「社会のルールだから守る」といったように、モチベーションの発生源が完全に外側にあり、そこには自分の意志がほとんど存在しません。

◉**義務動機**

自分を他者よりも優れた人間だと思うため、または他者より劣った存在だと感じたくないために発揮されるモチベーションです。「友達より良い成績をとりたいから勉強する」「賢いと思われたいから仕事をする」「バカにされたくないから努力する」といった動機が典型的な例。モチベーションの発生源が外部にあるところは外的動機と同じですが、たんに報酬や罰に反応するのでなく、自身の評価を守るために「私が努力しなければならない」「自分でやらねばならない」などの義務感が発生するのが特徴です。

◉**統合動機**

その活動の価値を、心から信じることで発生するタイプのモチベーションです。「この勉強は人の役に立つから価値がある」「新しい趣味は自分の人生に意味を与えてくれるから重要だ」と本気で思えれば、その活動は統合動機だと考えられます。

◉**内発動機**

報酬の獲得や目標の達成ではなく、活動そのものからモチベーションを得るパターンです。「ただキャンプをするのが楽しい」「ランニング自体が楽しい」といった感覚があるなら、それは内発動機です。

これらのモチベーションのうち、継続力が高まりやすいのは「統合動機」と「内発動機」です。このふたつは、自己の価値観と活動の内容が調和しているため、外から強制されて行う活動よりも、格段にモチベーションを上げてくれます。

自己調和ゴールの重要性を明らかにした研究は多く、これまでも複数のメリットが報告されてきました。その一部を紹介しましょう。

◉目標の達成率が上がる

約600人の高校生を対象とした調査では、自己と調和したゴールを持つ者ほどモチベーションが高く、自己調和ゴールを持たない者より成績が20〜40％も良い傾向がありました(6)。

◉人生の満足度が上がる

バース大学などがアスリート210人を調べたところ、自己調和ゴールを持つ参加者ほど練習量が多く、そのおかげで人生の満足度も約20％高かったそうです(7)。

◉寿命が延びる

ハーバード大学のエレン・ランガーらが老人ホームで行った実験によると、「植木に水をやる」「室内に絵画を飾る」などの自発的な目標を持つように指導された高齢者は、スタッフから受動的に世話されただけの高齢者よりも社交性が増し、18カ月間の追跡調査における死亡率が半分も低かったと報告されています(8)。

このような結果が得られたのは、自己調和ゴールのおかげです。外から押しつけられた活動ではなく、自分の価値観とニーズに合った活動のほうが達成しやすいのは当然でしょう。どの活動を続けるべきかに迷ったら、ぜひ「自己と調和しているか？」を基準のひとつにしてみてください。

自己調和ゴール分析の3ステップ

継続スキル訓練3　自己調和ゴール分析

自己調和ゴールの考え方を理解したら、実際にあなたの現状を分析してみましょう。いくつもある活動から、あなたが本当にリソースを注ぐべき対象は、以下の3つのステップで判断できます。

ステップ1　アクティビティのリストアップ

まずは、いまあなたが取り組んでいるアクティビティを、最低でも〝8つ〟書き出してください。たとえば、「英語のオンライン講座」「新たな格闘技の練習」「毎日ひとつずつ物を捨てる」「転職の計画を立てる」などです。

活動の大小は問わないので、いま取り組んでいる（または取り組みたい）ものをすべてリストアップしましょう。あなたがこれから試したい活動でも構いませんし、すでにやり慣れた活動を選んでも問題ありません。

ステップ2　リソースを注ぐ理由の分析

ステップ1で作ったリストを見つつ、自分のモチベーションの種類を考えていきましょう。すべてのアクティビティについて、173〜174ページの4タイプの動機がどれぐらい当てはまるかを考えて、それぞれ10点満点で採点してください。もしその動機がまったく当てはまらないなら1点で、その動機が完全に当てはまるなら10点です。モチベーションの種類が判断できないときは、以下の質問の答えを考えてみてください。

◉外的動機の質問

この活動は、ほかの人が私に望んでいるものだろうか？

私がこの活動をしたいのは、なんらかの外部の状況に影響されているからだろうか？　この活動を、私はなんらかの報酬や賞賛あるいは承認が目当てで行いたいのだろうか？

なんらかのネガティブな事態を回避したいから、私はこの活動をしたいのだろうか？

◉**義務動機の質問**

私はこの活動をしないと恥ずかしいと感じるだろうか？

私はこの活動をしないと不安または罪悪感を抱くだろうか？

私はこの活動を行うことを義務だと感じていないだろうか？

◉**統合動機の質問**

私はこの活動を本当に重要だと信じているだろうか？

この活動が誰かからすすめられたものだとしても、いまの自分は心から支持できているだろうか？

私はこの活動を正しいことだと心から感じられているだろうか？

◉**内発動機の質問**

私はこの活動から得られる体験そのものへの興味を持っているだろうか？

私はこの活動がもたらす楽しみや刺激を魅力的に感じているだろうか？

この活動を行うべき理由がほかにあったとしても、体験そのものへの興味が、第一の動機になっているだろうか？

ステップ3　自己調和スコアの計算

ステップ2でつけた点数を以下の式で計算して、「自己調和スコア」を算出します。

「自己調和スコア＝（統合＋内発）－（外的＋義務）」

たとえば、あなたがステップ2で次のように採点したとしましょう。

「外的＝1点・義務＝3点・統合＝9点・内発＝9点」

この場合は、「(9＋9)－(1＋3)」といった計算になり、自己調和スコアは14点です。

計算が終わったら、次の質問に答えて、あなたが選んだアクティビティが自己調和ゴールにどれだけ近いかを判断してください。

◉自己調和スコアがもっとも高いのはどの活動だっただろうか？
◉スコアが高い活動の自己調和レベルをさらに上げるために、何かできることはないだろうか？

　自己調和スコアが高かったものほど、あなたがリソースを注ぐべき活動の第一候補になります。このトレーニングは、どの活動に集中すればよいのか迷ったときに使うのはもちろん、3～6カ月に1回のペースで分析を行い、自分がコミットしている活動のチェックを行うとよいでしょう。

簡易版・自己調和ゴール分析

「自己調和ゴール分析」は優秀な技法ながら、やや手間がかかるのが難点です。もっと手軽に最適な活動を選びたいときは、自己調和ゴール分析の〝簡易バージョン〟を使ってみるのも手です。

　簡易バージョンは5つの質問に答えるだけで、ある程度まで精度が高い選択を行えるように設計されています。あなたがリソースを注ぐべきかどうか迷っている活動を思い浮かべながら、以下の質問について考えてみてください。

❶この活動は、ほかの人の希望をかなえるために行うのか？　あるいは、達成したら何かが手に入るからやるのだろうか？

❷この活動を達成できなかったら、私は恥ずかしいと思うだろうか？

❸この活動は、私にとって重要な目標だと本当に信じられているだろうか？

❹この活動は、私に楽しみや喜びを与えてくれるだろうか？

❺この活動は「私がどのような人間であるか？」を表現し、私が思う人生の価値を反映しているだろうか？

すべての回答が終わったら、次のように判断を行います。

◉質問1と2の答えがイエスなら、その活動は控えたほうがよい

◉質問3〜5の答えがイエスなら、その活動にリソースを注ぐほうがよい

大まかなテストではありますが、判断のガイドラインとして使うぶんには十分役に立ちます。短期的な判断には簡易バージョンを使いつつ、長期的には自己調和ゴールの完全版で精度を高めるのがおすすめです。

いまは人生の実験期間か、それとも集中期間か？

簡単におさらいすると、本章でもっとも重要なのは〝実験と集中の往復〟でした。あなたがつかんだ運のポテンシャルを最大に活かすには、**世界を幅広く探索したあとで、リソースを一点に集中させる作業を続ける**のがベスト。この往復を続けないことには、ホットストリークの発生率は上がりません。

ホットストリークが続く期間は予想できませんが、一般的には、事前に行った実験の幅が広いときほど、その後の連勝を保ちやすいと考えられます。人生に確変を起こすためにも、いまのあなたが人生の実験期間なのか、それとも集中期間なのかを意識しておいてください。

4章

コンティニューをくり返す

――幸運＝（行動×多様＋察知）×回復

人生に　リセットボタンは　無い
コンティニューは　ある

『街へいこうよ　どうぶつの森』より

幸運の量が増えれば、不運の量も増える

RPGには逆境がつきもの。強いボスに打ち負かされたり、宝箱からモンスターが出てきたり、ダンジョンの罠で全滅したりと、思わぬ強敵や落とし穴に遭遇しながら、何度もコンティニューをくり返すのが普通です。

それは現実の世界でも変わらず、私たちが運をつかもうと思ったら、その過程で必ず逆境に出くわします。何度も見てきたように、**幸運の発生率を上げるには行動の量を増やすしかなく、行動の量を増やせば自ずと不運の量も増える**からです。

新たな友人との出会いはつねに不和の可能性をはらみ、新しい学習は三日坊主に終わるかもしれず、起業すれど事業が立ち行かないケースもよくあります。新たなチャレンジを増やせば、同時に失敗の確率も上がるのは当然の話。良い偶然を待つ作業は、同時に予期せぬ不運を誘い込む呼び水にもなり得るのです。

幸運と不運はコインの裏表であり、パーティーが全滅するたびに心が折れていたら、絶対にエンディングは迎えられません。より多くの幸運をつかみたいなら、より多く

の不運を事前に織り込んでおくしかないでしょう。

この問題に対処すべく、本章では運の方程式における**「回復」**の要素にフォーカスします。手痛い挫折からもスムーズに立ち直り、不運が起きた原因を正しく分析し、その知見を使ってすぐに次のチャレンジに取りかかる。そんなスキルを養うトレーニングをお伝えするのが、この章の目的です。

人生における回復力の重要性を疑う人はいないでしょうが、念のために定量的なデータも見ておきましょう。

みなさんは、「長く繁栄を続ける企業は何が違うのか？」という問題について考えたことがあるでしょうか？　これは、会社研究の世界などで、昔から議論されてきたテーマのひとつです。

中小企業白書によると、日本の製造業では1年で20％が倒産し、5年後には50％が廃業に追い込まれ、10年後まで生き残れる企業は36％にすぎません(1)。さらに、ベンチャー企業だけに限って言えば、同じ数字が5年後には15％、10年後には6・3％にまで下がります。大半の企業は、どうやら十数年で消えるのが一般的のようです。

しかし、一方では、創業から100年を超えても勢いを保つ企業も存在します。125年以上も世界展開を続けるアメリカのジョンソン&ジョンソン、400年超の歴史を持つ日本の養命酒、655年にわたって車両部品を提供するドイツのSHW。いずれも数百年にわたって繁栄を続けるどころか、なかには近年になって勢いを増したケースまで見られます。

これらの企業は、いかなる理由でここまでの長寿を実現できたのでしょうか？　ただ運に恵まれただけなのか、または優良企業に特有の秘密があるのでしょうか？

この疑問については多くの仮説が存在しますが、なかでも有名なのは『ビジョナリー・カンパニー1・2』と『エクセレント・カンパニー』の3冊でしょう。

どれも80年代から90年代にかけて大ブームを呼んだ書籍で、マッキンゼーなどの有名コンサルタントが当時の優良企業を数年にわたって調べあげ、勝ち続ける企業の法則を導き出したものです。3冊とも刊行直後から世界的なベストセラーとなり、「20世紀でもっとも影響力のあるビジネス書」とも呼ばれます。

実際のところ、これらの本が主張する優良企業の秘密とは、「大胆な目標に挑む」

「決して満足しない」「顧客に密着する」など、思わず納得させられるものばかり。本書の影響を受けた経営者は世界に数知れず、いまも優良企業のマジックフォーミュラとして扱われるケースも少なくありません。

ですが、じつは2000年代になって、この3冊への批判が増えてきたことをご存じでしょうか？　というのも、書籍で取り上げられた50社のほとんどは、そのあとで業績が急落したからです。

これらの企業が繁栄を続けたのは本の出版直後までで、以降は50社のうち16社が5年以内に倒産し、23社は市場価値が大きく低下。書籍の刊行時と同じレベルを維持できたのは、たった5社だけでした。優良企業をいくら調べても、その行く末を占うのは不可能なようです。

初期の大失敗が長期的な成功をもたらす

とはいえ、優良企業の秘密を解き明かす試みは、まだ終わったわけではありません。

近年は複数の機関が定量的な調査を進め、ただの印象論にとどまらない分析を行ってくれています。

その代表例が、ノースウェスタン大学の研究です(2)。

研究チームは、まず米政府が科学者に出した助成金のデータ約77万件を過去30年にさかのぼって収集。これに加えて、46年間におよぶベンチャー企業への投資データも処理し、IPOやM&Aなどの指標をもとに、起業の成功を予測するための数理モデルも作っています。

その後、すべてのデータを分析したところ、成功した科学者や企業にだけ見られる統計的な特徴が、3つ浮かび上がりました。

ひとつめは、キャリアの初期に失敗を経験した者のほうが、後年により大きな成功を手にしていた点です。

たとえば、キャリアの初期に助成金を受けられなかった科学者は、すぐに助成金を手にした者よりも、あとになってから評価が高い仕事をする傾向がありました。これはベンチャー企業でも同じで、最初の失敗に負けずに事業を続けた会社ほど、長期的な業績が良かったと言います。

また、ふたつめの特徴として、成功した科学者や企業には、最初の失敗から2度めの失敗までのスパンが短い事実も認められました。つまり、2度めの失敗が早い者ほど3回めのトライで成功する可能性が高く、逆に1度めの失敗から2度めまでの期間が開くほど、3度めも失敗に終わる確率が上がってしまうわけです。ちなみに、最初の成功までに発生した失敗の平均回数は、科学者で2・03回、ベンチャー企業で1・5回でした。

以上のような結果が出たのは、さほど不思議ではないでしょう。挫折からの回復が速い人はすぐに次の行動を起こせるため、次の失敗までのスパンは自然と短くなります。他方で失敗に弱い人は回復にも時間がかかり、リトライまでの期間は長引くはずです。**失敗からの回復力は、長期的な成功の大前提**と言えます。

もっとも、だからといって、ただ失敗にさえ強ければ成功率が上がるわけではありません。成功者に見られた3つめの特徴として、研究チームは「失敗から学ぶ能力」の重要性も指摘しているからです。長く成功し続ける科学者と企業は、いずれも手痛い失敗を経験したあとで、すぐに原因の分析に取り組んでいました。

失敗の原因を見極めておかないと、そのあとでいくら再チャレンジをしても成功率が下がるのは間違いない話。これまた非常に常識的な結論です。

つまり、定量的なデータに照らせば、私たちが成功するために必要な能力はふたつです。

❶　挫折から立ち直る力

❷　失敗を糧《かて》にする力

過去の事例を見ても、これらふたつのスキルによって、名声を勝ち得た著名人は少なくありません。

たとえば、J・K・ローリングの『ハリー・ポッターと賢者の石』は出版社から12回も拒否されたことで有名ですし、リチャード・バックの『かもめのジョナサン』は18回の却下を言い渡され、マーガレット・ミッチェルの『風と共に去りぬ』も、刊行までに38回の不採用を食らう憂き目にあっています。

さらに言えば、『失われた時を求めて』で有名なマルセル・プルーストは、第一作目を何度も断られたあげくに自ら出版費用を捻出。『人間喜劇』で知られる劇作家ウィリアム・サローヤンに至っては、最初の短編を売るまでに7000回もの不採用通知を受け取りました。いずれも後世に名を残す作家でありながら、キャリアの初期には大きな挫折を味わったわけです。

しかし、これらすべての作家に共通するのは、挫折からの復帰が速い点でした。ローリングもバックもミッチェルも、みな不採用を知らされるや改稿に取りかかり、物語の構成を変えたり、登場人物の性格を改善したりと、すぐに新たな行動を起こしたのです。このような回復力なしには、どの作家も長期的な名声は勝ち得なかったでしょう。

失敗はただの〝データポイント〟でしかない

回復力を鍛える方法はいくつもありますが、この章でも3つのトレーニングに厳選しました。

❶　科学者マインドセット
❷　侵襲《しんしゅう》アクセプタンス
❸　自己認識クエスチョン

このなかで、まず初めに取り組んでほしいのが「科学者マインドセット」です。名前のとおり、「科学者のような考え方」を意味する言葉で、このマインドセットを持つ人は、世の中のトラブルを次のような視点でとらえます。

◉問題を解くためには、仮説と検証をくり返すしかない
◉実験の失敗とは、新しく得られたデータのひとつでしかない

詳しくは後述しますが、このような視点を意識するとしないとでは大違い。「失敗したら科学者のように考えよう」と自分に言い聞かせるだけでも、あなたが人生の挫折から立ち直るスピードは格段に早くなります。

理由を説明しましょう。

科学的な実験においては、あらゆるパターンの失敗が何度も起こります。電球の発明までにエジソンが2000個を超えるフィラメントを無駄にしたように、ノーベル化学賞を受賞した白川英樹《しらかわひでき》のチームが必要な触媒《しょくばい》の量を1000倍も間違えたように、科学と失敗を切り離すのは不可能です。科学とは、そもそもが仮説と検証を前提とする営みなので、こればかりはどうにもなりません。

そのため、科学者のマインドセットを持つ人は、失敗をただの〝データポイント〟として扱います。実験のプロセスにミスがあろうが、仮説とは異なる結果が出ようが、すべては最終的な答えに近づくために必要なデータでしかないのです。

こうした失敗のとらえ方は、一般的な失敗のイメージとは大きく異なるでしょう。現代社会では、失敗を「自己の欠陥」と同等にみなす傾向が強く、それゆえに私たちの多くは挫折を無能の証拠だと思いがちです。ダイエットに挫折したあとで「私は自己管理ができない人間だ」と考えたり、仕事の交渉でミスした自分を「全然スキルが足りていない」と責めたりと、失敗のせいで自らが欠陥品であるかのような気分になった人も多いでしょう。失敗を無能の証拠のようにとらえていたら、気持ちが落ち込むのは当たり前です。

その一方で、科学者にとっての失敗は、能力の低さを示す根拠にはなりません。実験の失敗は仮説のエラーを示す情報のひとつでしかないため、どのようなミスや間違いを犯そうが、それは真実に一歩近づいた証拠にすぎないからです。

仮説と検証を学ぶだけでも不運に強くなる

科学者マインドセットがすばらしいのは、仮説と検証の考え方を学んだだけでも、回復力が高まる点です。

イタリアの起業家を対象にした、2019年の調査を見てみましょう(3)。研究チームは、同国のスタートアップ企業から116社のトップを集め、4カ月の起業家プログラムに参加させました。

その際に、参加した起業家の半数にのみ、科学者マインドセットを伝えるレクチャーを実施。具体的には、顧客インタビューから販売の仮説を立てる方法を伝えたうえで、製品やサービスの発売を科学の実験としてとらえながら、自分が立てた仮説を検証する姿勢を忘れないように求めたそうです。

そして4カ月後、すべての起業家の収益を比べた結果は驚くべきものでした。科学者マインドセットを学んだ起業家は、それ以外のグループと比べて、稼いだ金額が中央値で2・6倍も大きかったのです。仮説と検証の重要性を意識しただけで倍以上の成果が上がるのなら、実践してみない手はないでしょう。

科学者マインドセットでここまで成果が変わったのは、失敗からの回復スピードが上がったからです。研究によれば、仮説と検証を心がけたグループは、製品の立ち上げが不発に終わったときも、ただ「新しいデータが手に入った」とだけ判断する傾向があり、そのおかげで失敗にも落ち込まず、ほかのグループよりもスムーズに路線を変更できていました。**自分の失敗を仮説と検証の視点からとらえ直したことで、正しい方向へスムーズに進む力がついた**わけです。

以上のデータを踏まえ、あなたが科学者マインドセットを使うときは、なんらかの失敗に直面した際に、自分自身へ次のように言い聞かせてみるとよいでしょう。

❶失敗は人間の行動においてごく自然なものであり、私の能力の低さを示すものではない

❷失敗のなかには、将来の改善に役立つ重要な情報が含まれている

これだけの作業でもあなたの回復力は確実に高まり、失敗を成功の糧として使えるようになります。回復力のトレーニングとしては、もっともシンプルで効果が高い技法だと言えるでしょう。

科学者マインドセットを意識できたら、あとは失敗についての仮説と検証をくり返していきます。ここからあとの作業は、106〜107ページで取り上げた「Qマトリックス」を使いましょう。

たとえば、あなたがランニングを習慣にしようと思ったのに三日坊主に終わったとします。こんなときは、自分を責める前に、いったん科学者マインドセットを起動させ、「Qマトリックスで問いを作れないだろうか？」と考えてみてください。具体的には、次のような具合です。

◉もしランニングをする時間を夜に変えたらどうなるだろうか？
◉今回の三日坊主と、過去の失敗はどのように似ているだろうか？
◉そもそも自分にとってランニングが重要なのはなぜだろうか？
◉ランニング以外のエクササイズを行ったらどうなるだろうか？

もちろん、これで必ずしも妙案が浮かぶとは言えませんが、ただ失敗に落ち込み続けるよりも確実に成功率は上がります。

ちなみに、科学者マインドセットは、「失敗を楽しもう」「進んで失敗しよう」といったアドバイスとは異なるので注意してください。たとえ一流の科学者でも失敗は嫌がるのが普通ですし、重要な実験に失敗すれば落ち込みます。決して自分のミスに大喜びするわけではありません。

もっとも重要なのは、「世界は壮大な実験室である」という視点を忘れないことです。新しいチャレンジを何度も続けながらも、「私は世界のなかで仮説を立て続け、その確からしさを検証しているのだ」といった態度さえ維持できれば、あなたは限りなく失敗から自由になることができます。

「人生には不運がつきもの」を心から受け入れる

次に進みましょう。

もし「科学者マインドセット」を使っても失敗の痛みが癒えないときは、続いて「侵襲アクセプタンス」に取り組んでみてください。

ここで言う〝侵襲〟とは、なんらかの失敗を味わったあとに、あなたの脳内に自動的に浮かび上がってくる思考のことです。

あんなことを言って友人に嫌われたのではないか……。

こんなひどいミスをしたら同僚にバカにされる……。

自分はいつもバカなことをしている……。

このように、ネガティブな思考が勝手に浮かんで止まらない状態が〝侵襲〟です。失敗を反省するのは悪いことではありませんが、あまりに自分に厳しすぎればメンタルの悪化につながるのは容易に想像がつくでしょう。

事実、侵襲の回数が多い人ほど、過度な飲酒やドラッグに走りやすく、貯金の額も少なく、感情をコントロールできないとの報告は昔から引きも切りません(4)。**行きすぎた反省が自己破壊的な行動をもたらす**のは間違いなく、何も対策を打たなかったら、そこでゲームオーバーが確定してしまいます。

侵襲の特徴を掘り下げるために、簡単な性格テストをしてみましょう。

以下に並ぶ10の文章は、パーソナリティ心理学の実験データをもとに、侵襲に悩みやすい人に特有の考え方をまとめたものです(5)。

まずはざっと読んで、それぞれの文章が、どこまで自分に当てはまるかを4点満点で採点してください。「同意しない」なら1点、「あまり同意しない」は2点、「やや同意する」は3点、「強く同意する」なら4点です。

❶自分の過去のミスや失敗について考えると、ほかのことに集中できなくなる
❷過去にした愚かなことを思い出すことで、もっとがんばろうという気持ちになる
❸将来、失敗しないようにするためには、自分が間違ったことをくり返し考える必要がある
❹過去の失敗を引きずることは、性格の弱さを表していると思う
❺過去にどのように行動すべきだったかをくり返し検討することは、自分が結果にこだわっていることを示すと思う
❻自己を批判するのをやめたら、私は逆に落ち込んでしまうだろう
❼過去のミスや失敗について考える時間を十分に取らないと、私は傲慢になると思う
❽自己を批判する考えを持つことは、自分が弱い人間であることを意味する
❾「自分は十分ではない」という考えから距離を置くのが難しい
❿自分の価値に関する考えを、事実として扱う傾向がある

採点が終わったら、以下の要領で点数を足し合わせてください。

◉自己批判の侵襲

質問1、4、6、8、9、10の点数を合計します。この点数が高い人は、過去の過ちについて考える回数が多く、そのせいで失敗に弱い傾向があります。たいていの人は合計が14点前後に収まりやすく、これ以上の点数が出た場合は要注意です。

◉自己欺瞞《ぎまん》の侵襲

質問2、3、5、7の点数を合計します。この点数が高い人は、本当は自己批判を嫌がっているにもかかわらず、「これは良いことなのだ」と思い込みたがり、結果としていつまでも侵襲から逃れられないタイプです。たいていの人は合計が8点前後に収まりやすく、これ以上の点数が出たら注意してください。

このテストからわかるように、侵襲が多い人は過去の失敗へのこだわりが強く、自分が成長するためには自己批判が必要だと考える傾向があります。そのせいで、ヒマさえあれば自分の過ちについて考え続けてしまい、いよいよ挫折から立ち直る力が失われていくのです。

じつに難しい問題ですが、ここで多くの研究者が推奨するのが「侵襲アクセプタンス」です。

アクセプタンスは「受容」を意味する英単語で、簡単に言えば、「人生には失敗がつきものである」という事実、そして「自分は間違いを犯す人間だ」という事実のふたつを受け入れ、侵襲の改善を目指すトレーニングです。

自己批判の問題に受容が効くのは有名な話で、たとえばノースウェスタン大学の調査では、侵襲を受け入れるトレーニングを行った参加者は、みんなが失敗をポジティブにとらえ、状況を改善するためのモチベーションが改善し、さらにストレスによる衝動買いや過食の頻度まで減りました。近年では、薬物やアルコール依存の治療にアクセプタンスが使われるケースも多く、いずれも大きな成果を上げています(6)。

もちろん、過去の過ちを受け入れるのは簡単ではないものの、ありがたいことに効果が高いトレーニングがいくつか存在します。

代表的なものを3つ見てみましょう。

侵襲対策トレーニング1　名言ワークアウト

「名言ワークアウト」は、侵襲対策のなかではもっとも手軽なトレーニングです。実践の方法は非常にシンプルで、偉人が残した言葉のなかから、受容の大事さを示した名言に接するだけです。

そんなことでいいのかと思われそうですが、名言の効果はあなどれません。先に見たノースウェスタン大学の実験によれば、受容にまつわる名言を読んだ参加者は、大半が失敗を受け入れる精神が育ち、少しずつストレス耐性も高くなったと言います。世の中で広く偉人の名言集が読まれるのには、やはり相応の理由があるのでしょう。

受容の精神を示した、具体的な名言をいくつか紹介します。

マーク・トウェイン「孤独のなかでも最悪なのは、自分自身に満足できないことだ」

カミュ「人間は現在の自分を拒絶する、唯一の生きものである」

ロバート・ホールデン「どんなに自己改善をしても、自己受容の穴は埋められない」

ブレネー・ブラウン「自分を受け入れる行為は、もっとも勇敢な行為だ」

アナ・クィンドレン「もっともつらいがもっとも良い行動は、完璧でいるのをあきらめることだ」

老子「自分を信じて他人を説得せず、自分に満足して他人の承認を求めず、自分を受け入れれば、世界が受け入れてくれるだろう」

ナサニエル・ブランデン「アクセプタンスは、自分との悪い関係性を拒否することだ」

ウィリアム・ボエッガー「誰に信じてもらえなくても成功はできるが、自分を信じられなければ成功はできない」

ユング「受け入れるまでは何も変えることはできない。非難は解放にはならず、抑圧となる」

エレノア・ルーズベルト「自己との友情こそがもっとも大事なものだ。これなしでは、ほかの誰とも友情が築けなくなってしまう」

ウィンディ・ドライデン「自分のことを過ちを犯しやすい人間として受け入れると、誰かに嫌われるかもしれない状況でも不安にはならないだろう」

有名な例は以上ですが、受容の大切さを示した言葉は、ほかにも大量に存在します。

日本の古典、現代小説、漫画、歌詞など、日々の暮らしで似たような文言を見かけることも多いはずです。

もし今後アクセプタンス系の名言を見つけたら、メモ帳に書き残しておきましょう。そのうえで、自分なりの名言集を作っていくのも、良いトレーニングになります。

侵襲対策トレーニング2　エビデンス法

こちらも手軽な侵襲対策のひとつで、あなたの脳内にわき上がった批判的な思考について、具体的なエビデンスを探してみるトレーニングです。といっても難しいものではなく、侵襲に襲われたらふたつの質問を自分に投げてみてください。

❶ **この悪い状況**（**手痛い失敗、他人からの批判、ネガティブな感情など**）**は、自分の良いところを完全に打ち消してしまうだろうか？**

❷ **この悪い状況は、自己批判の内容を証明する証拠や裏づけとして使えるだろうか？**

たとえば、あなたが仕事で重要なデータをなくして顧客から怒られ、「私はいつも同じミスをしている……」と考えたとしましょう。この場面でエビデンス法を使うと、次のようになります。

「顧客からの批判は当たり前だが、これで自分の良い面が台なしになったわけではない。事実、過去には同じ顧客から手際のよさをほめられたこともある」

「また、今回の失敗は、私が『いつも同じミスをする』証拠とは言えないだろう。いままでデータの扱いが万全だったとは言えないが、データの紛失を何度も起こしたような事実はない」

普通に考えれば、たったひとつの失敗だけで、自分の能力を判断できるはずがありません。よしんば同じミスが続いたとしても、それであなたの長所や過去の業績まで帳消しになることもないでしょう。たいていの自己批判は特定の問題を大げさに拡大しただけにすぎず、現実には正当な根拠を欠くことがほとんどです。

エビデンス法の質問には、そのような事実に気づかせてくれる働きがあります。このトレーニングを何度か続けることで、あなたの脳は段々と侵襲の内容を疑いはじめ、やがては**自己批判の罠から抜け出すことができる**のです。

侵襲対策トレーニング3　プラスマイナス法

3つめの「プラスマイナス法」も、簡単な手順により、侵襲が持つ根拠のなさを暴いていくトレーニングです。まずは実践のステップから見てみましょう。

❶ **「学校」または「仕事」において、自分が良くできたことを3つ書き出す**（例：先日、企画書をほめられた）

❷ **「学校」または「仕事」において、自分が良くできなかったことを3つ書き出す**（例：プレゼンで言葉に詰まった）

❸ **「プライベート」において、自分が良くできたことを3つ書き出す**（例：運動が習慣化した）

❹ **「プライベート」において、自分が良くできなかったことを3つ書き出す**（例：友人との約束を破った）

言わずもがな、どのような人でも、人生のなかで「良くできたこと」と「良くできなかったこと」の両方を経験したことがあるはずです。

それにもかかわらず、侵襲の罠にはまった人は、あたかも自分の人生を失敗の連続のように思い込みます。脳内がいつもネガティブな思考で埋め尽くされていたら、そんな思いにとらわれても無理はありません。

その点で、プラスマイナス法は、「人生には楽があれば苦もある」というシンプルな事実を私たちに思い出させてくれるのが最大のポイント。これまた単純なトレーニングながら、侵襲の罠で目が曇った人が実践すると、急に霧が晴れたような気分になるケースもよく見かけます。侵襲の問題にお悩みなら、試す価値があるでしょう。

ちなみに、どのトレーニングを使うにしても、侵襲の対策をする際は、受容のことを「自分のすべてを好きになろう」「ありのままの自分でいよう」「自分を甘やかそう」といった主張と同じものだとは考えないでください。受容で目指すべきは、自分を〝最高の友人〟として扱う技術を身につけることです。

どれだけ自分に厳しい人でも、親友の失敗にまで、同じように批判をする人は少ないでしょう。もし親友が落ち込んでいたら、たいていの人は「そんなに落ち込む必要はない」と優しい言葉をかけるか、「次に修正すればよい」と具体的なアドバイスをするか、「運動不足は体に悪いよ」などと軽くいさめるかの3択を選び、相手を無闇に非難したりはしないでしょう。

このように、自分の失敗についても、親友と同じように対応するのが最大のポイントです。いたずらに自分を責めず、かといって甘やかすでもなく、**親友と同じ距離感であなた自身に接する**よう心がけてください。

失敗からの回復スピードを劇的に速める36の質問

回復力を養う最後のトレーニングは、「自己認識クエスチョン」です(7)。

3つのトレーニングのなかではもっとも手間がかかるものの、それだけに効果も絶大。科学者マインドセットや侵襲アクセプタンスでも失敗の傷が癒えない方は、こちらにも取り組むとよいでしょう。

自己認識クエスチョンはアーサイナス大学の研究者などが提唱する技法で、36の問いに答えることで、次のような効果を得られるようにデザインされています。

❶ 自分の強みを再確認する
❷ 未来に意識を向け直す

まずひとつめは、質問の答えを考えていくなかで、自分の「強み」に気づける効果です。「優しさがある」「時間を守る」「過去に企画力をほめられた」のように、あなたが持つ良い性格、スキル、過去に達成したことなどをあらためて確認し、自分の美点を思い出させてくれます。

この効果が回復力に役立つのは、先に見た侵襲対策に役立つからです。2章でも説明したように、私たちの脳にはネガティビティ効果が備わっており、なんらかの挫折をしたあとは、「私はいつも不運だ……」といったように、人生の嫌な側面に視野が向かいやすい特徴を持ちます。

この状態を放置すれば、あなたの脳は延々と嫌なことを考え続け、いつまでも失敗から立ち直れません。この問題をクリアするには、まずはあなたが持つ強みを再確認する必要があるのです。

自己認識クエスチョンで得られるメリットのふたつめは、あなたの意識を未来に向けさせてくれる点です。

通常、挫折を味わった人の脳は、その直後から過去に意識が向かいはじめます。「なぜあんなことをしたのか……」「前にも同じ失敗をした……」など、かつて起きた嫌な出来事の記憶が芋《いも》づる式に浮かび、そこから注意をそらすのは容易ではありません。

この状態に入った脳は、その直後から「私の人生が脅威にさらされている」と判断し、過去のネガティブな記憶をもとに解決策を探そうとします。いわば脳による防御反応の一種ですが、この機能が働きすぎると、私たちの頭はつねに過去の嫌な記憶に取りつかれ、未来へのチャレンジ精神が少しずつ失われてしまうのです。

その点で、自己認識クエスチョンは、質問の答えを考えていくにつれて、私たちの意識が未来に向くようデザインされています。36問をやり通すのは大変ですが、最後まで実践すれば、あなたの脳は過去へのこだわりから解放され、失敗から回復するスピードは格段に速くなるはずです。

「自己認識クエスチョン」を実践してみよう!

「自己認識クエスチョン」のやり方を見ていきましょう。

この質問集は6つのセクションに分かれ、それぞれに6つの問いが用意されています。すべての質問を使いこなすためには、1問につき2～3分を費やし、ひとつのセクションに15～20分はかけてください。

つまり、すべての質問を終えるには短くても1時間半が必要になりますが、作業の負荷が高いため、1日ですべてをやりきるのはおすすめしません。1日に1セクションずつ実践し、全部で6日をかけるぐらいの心構えで取り組んでみてください。

セクション1　あなたの〝認識〟を掘り下げる6問

このセクションでは、自分が自分をどう思っているのかを考えていきます。あなたの根本的な能力や特徴について深く考え、「自分は自分をどのような人間だと認識しているのか？」を掘り下げましょう。

★
1 あなたを表す形容詞や特徴を5つ挙げたらどうなりますか？（「優しい」「背が高い」など）

2 あなたが果たすべきだと思う役割を5つ挙げたらどうなりますか？（「父親」「知識を広める」など）

3 自分が持っているスキルや能力を5つ挙げたらどうなりますか？（「統計ができる」「英語ができる」など）

4 あなたの持ち物のうち、自分がどんな人間であるかを表すものを、5つ挙げたら何がありますか？（「ぬいぐるみ」「スポーツウェア」など）

★
5 自分がどのような人間であるかを知るのに役立った人生経験を、5つ挙げたらどうなりますか？（「大学受験の失敗をいまも引きずっている」「大きなプレゼンを成功さ

せた」など）

6　親しい友人や家族があなたを表現するのに役立つと思う属性を5つ挙げたらどうなりますか？（「人見知り」「やりはじめれば最後までやる」など）

セクション2　あなたの〝本来感〟を掘り下げる6問

続いて、あなたの性格や価値観を掘り下げ、「これが素の自分だ」「私が楽でいられる状態はこれだ」といった感覚を得られる状態を探していきます。このような感覚を、心理学では「本来感」と呼び、いわばあなたの「自分らしさ」を深掘りするセクションだと言えます。

★1　「私はどのような人間だろうか？」と考えたときに、自分の性格のなかで、どの側面がもっともはっきりと意識されますか？（「明るい」「誠実さがある」など）

★2　あなたが世間に見せている「自分の姿」は、あなたが「これが本当の自分に近い」と感じるあなたと、どのような点が一致していますか？（「周囲から真面目だと思われている」「友人からテンションが低いと言われる」など）

3

社会や仲間からのプレッシャーを受けたにもかかわらず、自分らしさに忠実であり続けた例を3つ考えてみてください。どのようにすれば、そのときと同じように自分らしさを維持できるでしょうか?（「親から20代での結婚を迫られたが仕事を優先した。あのときと同じように、のらりくらりとかわせばよい」など）

4

あなたの重要な価値観を3つ挙げたら何になりますか? そして、自分の将来を改善するために、その価値観をうまく使う方法はありますか?（「私は『成長』を重視しているので、仕事のなかで会話力を伸ばす場面を増やす」など）

5

あなたの人格のなかで、どのような状況でも変わらないのは、どんなポイントでしょうか?（「他人と深く付き合いすぎると疲れる」など）

6

セクション1の1〜6の質問で、あなたが書き出した回答のリストを見直してください。これらのリストのうち、あなたが考える「素の自分」と相反するものはありますか? もしあるのなら、どうすればもっと一貫性を保てるでしょうか?（「友人は人見知りだと思っているが、別に人嫌いなわけでもない。大人数が苦手なので、少人数の集まりに限定して参加すれば一貫性を保てるだろう」など）

セクション3　あなたの〝美点〟を掘り下げる6問

このセクションでは、あなたの優れた点や誇りに思えることについて考えていきます。自分の美点に意識を向け直し、ネガティビティ効果の罠を乗り越えるための重要なステップです。

1　あなたの最高の資質はなんだと思いますか？（「体力がある」「計算能力がある」など）

2　自分を他人と比べた場合、とくに優れている点はどこだと思いますか？（「漫画の知識がある」「特定のものを掘り下げる気質がある」など）

★3　あなたの人生は、あなたの知人や友人の人生と比べて、どのような点で優れていると思いますか？（「時間の余裕がある」「内面の生活が豊かである」など）

★4　自分自身について、誇りに思うことを3つ挙げたらどうなりますか？（「子供を育て上げた」「厳しい過去を生き抜いた」など）

5　あなたが人生で達成した最大の出来事を3つ挙げたら、どのようなものになりますか？（「ゼミの研究が表彰された」「部活でレギュラーを勝ち取った」など）

6　あなたが苦労していることはなんですか？　これらの苦悩を共有できそうな人はいますか？（「いま資格試験の勉強が停滞しており、この悩みは同僚と共有できるだろう」など）

セクション4　あなたの〝過去〟を掘り下げる6問

ここからは、過去の自分について考え、あなたが人生で置き去りにしてきたものごとを掘り下げていきます。いったん過去に戻ることで、未来の新たな可能性を探すためのセクションです。

★1　あなたが心から楽しめるにもかかわらず、あまり行う機会がない活動を3つ挙げてください。これらのことをもっと頻繁に行うために、何をすることができますか？（「読書が好きだがヒマがないので、外回りのすきま時間を使う」「アウトドアに行きたい。有給休暇を計画的に使えばどうにかなるだろう」など）

★2　あなたという人間が、望んだ人生のルートから外れてしまった部分はあるでしょうか？　もしあるなら、それを望むルートに復帰させるために何ができるでしょょうか？（「仕事をしつつ余裕を持って趣味を楽しむ人生を望んでいたが、いまは働いてばかりいる。仕事を減らす恐怖が大きいので、少しずつ余暇を増やそう」など）

3

あなたは自分のことより他人のことを優先したことがありましたか？　もしあるなら、どうすれば自分と他人のニーズのバランスを取り戻し、もっと自分のニーズに目を向けられるようになるでしょうか？（「上司が少しでも忙しいと、承認印をもらうのをためらってしまう。業務内容について、定期的に話し合う時間を設けてもらったほうがいいだろう」など）

4

近ごろあまり時間を割いていなかった趣味がありますか？　もしあるなら、その趣味のための時間を、どのように増やすことができますか？（「映画をほとんど見ていないので、月の初めにスケジュールを押さえておこう」など）

5

高校を卒業するとき、どんな人になりたかったか思い出してみてください。当時の自分が持っていた特質のなかで、いまの自分は失ってしまったと思うようなポジティブな要素はなんでしょうか？　どのようにしたら、いまの自分のなかに、そのポジティブな要素を再発見できるでしょうか？（「高校のころは他人の役に立つ人間になりたいと思い、実際に友人の世話を焼くのが好きだった。いまは日々に追われ

てその気持ちが薄れているので、まずは同僚のニーズをくみ取るところから始めてみたい」など)

6 昔の写真を見たり、古い日記を読んだりして十数分ほど過ごしてみてください。昔の自分を再確認したことで、どのようなメリットを感じられましたか?(「昔の自分はまだ情報をまとめるスキルが低かったことがわかり、いまの私の成長を実感することができた」など)

セクション5　あなたの〝仕事〟を掘り下げる6問

このセクションでは、あなたの仕事にあらためて目を向け、自分を向上させるきっかけとして使えないかを考えていきます。なんらかの失敗に落ち込んだあとで、自分が持つ美点に気づくためには欠かせないステップです。

★

1 あなたの仕事は、どのような点で人間的な向上に役立っていますか? どうすれば、この状態を将来も継続させることができますか?(「難しいクライアントは多いが、そのおかげで交渉スキルが身についた。さらに別のプロジェクトに挑むと、もっと

能力を伸ばせそうだ」など)

★**2** あなたの仕事から、どのような新しいことや興味深いことを学ぶことができるでしょうか？　それらの経験は、あなたにどのようなメリットをもたらしていますか？（「いまの仕事は統計を学ぶことができる。そのおかげで、世の中を確率的に見ることができるようになった」など)

3 あなたが仕事で引き受けねばならない責任のなかで、楽しいと思うものはなんですか？　それによって、あなたは仕事をよりうまく進められるようになりましたか？（「定期的に業界の現状をまとめるのが楽しい。そのおかげで、つねに最新の情報に追いつくことができる」など)

4 平凡で退屈な仕事を、もっとおもしろくするにはどうしたらよいでしょうか？（「同僚に声をかけて、作業をゲーム化してみる」など)

5 過去5年間で、あなたは仕事でどんな新しいスキルを身につけましたか？　そのスキルは、現在のあなたにどのようなメリットをもたらしたでしょうか？（「英会話のスキルが上がったおかげで、旅行でも困らなくなった」など)

6 今後5年間で、さらにどのような専門性を身につけることができるでしょうか？

（「さらに統計の知識を伸ばして、検定の1級を取る」など）

セクション6　あなたの〝未来〟を掘り下げる6問

最後のセクションでは、あなたの未来を掘り下げる作業を行います。失敗のせいで過去にばかりこだわる脳を、より未来のポジティブな側面へと注意を向け直すためのステップです。

それと同時に、このセクションには、あなたがこれから取り組むべき具体的なアクションを考えていくパートも含まれています。言うまでもありませんが、ここで思いついたアクションは、確実にこなすようにしてください。

1 あなたがこれから挑戦できそうな、新しくておもしろい活動を3つ挙げてください。そのなかで、来週から始められるものはどれですか？（「趣味のイベントに参加する」「ランニングを始める」など）

2 あなたがこれから学びたいと思うトピックを3つ挙げてください。そのうち、少なくともひとつを選び、そのトピックについて理解を深めるためには、どのよう

な行動計画を立てればいいでしょうか？（「英会話に詳しい同僚に話を聞く」「書店まで教材を探しに行く」など）

3 今月できそうなことで、自分の向上につながる活動を3つ考えてください。それぞれの活動を達成するために、あなたはどのようなステップを踏むことができるでしょうか？（「オンライン英会話に申し込む」「業界のイベントに申し込む」など）

4 これから行ってみたい場所を3つ挙げてください。それぞれの場所を訪れることで、あなたは何を学ぶことができますか？（「冬のオートキャンプ場。孤独の良さを学ぶことができる」「都心の高級レストラン。高級な店が、本当に価格に見合うのかどうかを判断できる」など）

★5 過去5年間で、あなたはどのような点で人間的に成長しましたか？　また、そのことが現在のあなたにどう影響していますか？（「責任や人間関係の難しさを学んだと思う。そのおかげで、他人に優しい態度が取れるようになった」など）

★6 今後5年間で、あなたが人として成長するための方法を考えてください。それを実現するには、どんな行動計画が考えられるでしょうか？（「より多様な業界の人から話を聞いて考え方の幅を広げる。そのために、しばらく連絡を取っていない友人に

メールを送ってみる」など)

「自己認識を高める36の質問」は以上です。

実際に試すとわかりますが、すべての質問に答え終えたあとは心のなかに余裕が生まれ、考え方がより未来志向に切り替わったことに気づくでしょう。それで失敗を完全に乗り越えられるはずだとは言わないものの、挫折のダメージから回復するスピードは、確実に速くなるはずです。

ただし、もしすべての質問をこなすのが難しいと感じたときは、ひとまず各セクションの★マークがついた12問の答えだけを考えても構いません。★マークの質問は、とくに重要度が高いものを厳選しているため、これらに取り組むだけでもある程度の効果は得られます。そのうえで、12問だけではまだ気持ちが晴れないと感じたら、すべての質問にチャレンジしてみるとよいでしょう。

何度も見てきたとおり、私たちの脳は、手痛い失敗を経験したときほど自分の長所を忘れ、過去に執着するように設計されています。

この罠から抜け出すには、**意識して自己認識を掘り下げる**のがベスト。自己認識クエスチョンは、何度かくり返すごとに回復力が身につくため、1回試して終わりではなく、定期的なトレーニングとして行ってみてください。

「私は描く。泣かないために」

1935年、スイスの抽象画家パウル・クレーは、55歳のころに皮膚硬化症を発症し、満足に両手を動かせない状態に陥りました。

いつ画業をあきらめてもおかしくない逆境ですが、それでもクレーは創作をあきらめず、なんと難病の発症から2年後にホットストリークに突入。うまく動かない手で描いたことにより、かえって過去に類のない独創性が生まれ、1939年には、たった1年で1253点もの作品を世に送り出したというから驚かされます。

病後に創造性が爆発した理由について、クレーは「私は描く。泣かないために」との言葉を残しました。誰もが挫折しそうな苦しみを前に、クレーは逆に我が身の不運を利用し、さらに未来へ進むための糧にしたわけです。

さすがにクレーほどの偉業をなすのは難しいでしょうが、同じ境地を目指すことなら誰でもできるはず。不運に泣かないためにも、私たちはつねに、自分なりの絵を描き続ける必要があるのです。

終章

別のゲームを始める

——幸運＝（行動×多様＋察知）×回復

こうして、
ひとつの物語は
幕を閉じる。

『クロノクロス』より

同じゲームで遊び続けるのは修羅の道

おめでとうございます。ここまでのトレーニングで、あなたは運をつかむために必要なスキルをすべて手に入れました。

1章で高めた行動力、2章で身につけた察知力、3章で養った継続力、4章で鍛えた回復力。すべてのスキルを合わせれば、あなたの人生に幸運の連鎖が起きる確率は大きく上がります。

が、話はまだ終わりません。というのも、いったん運をつかんだまでは良かったものの、そのあとで次のような罠に陥る人が多いからです。

「過去の幸運にしがみついて離れなくなる」

たとえば、あなたが本書のスキルを総動員したおかげで、念願のプロジェクトを大成功に導くことができたとしましょう。周囲からは功績を讃えられ、上司の評価も右肩上がりです。

気を良くしたあなたは、すぐに次のプロジェクトに取りかかりますが、ここで多くの人は前回のプロセスをなぞろうとします。同じビジネスモデル、同じスタッフ、同じテーマ、同じ情報をそのまま使い、先につかんだ運の再現を試みるのです。

もちろん、この行為が悪いわけではありません。あなたがプロジェクトを成功させたのは事実なのだから、過去の行動が正しかったのは間違いないはず。それなら下手に違うことをするよりは、同じプロセスを踏んだほうが失敗のリスクは下がるでしょう。

しかし、そうは言っても、いつまでも同じ行動にしがみついていたら、まもなくジリ貧になるのは容易に予想できます。

状況はつねに移り変わるのが世の常です。昨日は通じたビジネスモデルも明日には使えなくなるやもしれず、気を許したスタッフとていつ立ち去るかわからず、あなたの能力を上回るライバルが現れるかもしれず、以前の情報ソースが古びる可能性も否定できません。いったん成功したからとて、いつまでも同じ行動を続けていたら、環境の変化に対応できないでしょう。

アインシュタインが、ある程度の成功を収めた数学の問題からいったん離れて相対性理論を発案したように、『ネヴァーマインド』を大ヒットさせたカート・コバーンが、巨大な高級マンションを買ったあとも近所のモーテルで寝起きしたように、過去の達成から自分を切り離すことの重要性は、いくら強調しても足りません。

そもそも、運をつかむためには多様な行動が欠かせないことは、これまで何度も述べてきたとおりです。それにもかかわらず**特定の成功パターンにこだわってしまうと、自ら運の方程式を捨てる**ことになります。


当然だと思われた方も多いかもしれません。「成功体験を捨てよ」「つねに新しいことをせよ」といったフレーズはビジネス書の定番であり、誰もが一度は耳にしてきたアドバイスでしょう。誰でも自分の成功に浸っていたいものですし、いったん手にした勝ち筋を積極的に手放したい人はいないはずです。

しかし、だからといって、威勢のいいかけ声だけで成功の罠から抜け出せるなら、苦労はありません。

1章で見たように、人間の脳は、新しいものを嫌うバイアスを持った器官です。その事実を示した研究も多く、ここ数年でも、田舎暮らしが好きな人ほど必要以上に都会を悪く語り、スポーツファンはひいきチームが勝った試合ばかり記憶し、大半の投資家は自分の推奨銘柄を支持する情報だけを集めやすかったと報告されています(1)。つまり、私たちの多くは、頭では「成功にこだわってはいけない」と理解しつつも、**好みの成功パターンを無意識に追いかけてしまう性質がある**のです。

この問題をゲームでたとえるなら、いったんエンディングを迎えたあとも、ひたすら同じタイトルで遊び続けるようなものです。

同じタイトルをプレイし続ければ、確かにゲームの腕前は上がるでしょう。しかし、時間が経つほどに上達のスピードは鈍化し、やがて初心者だったときほどの改善は見込めなくなります。

また、どの世界にも上には上がいるため、ひとつのゲームだけに取り組み続けたあとに待つのは、プレイに何千時間も費やした猛者がしのぎをけずり合う修羅の道です。よほどの才能でもあれば別ですが、そんな世界でいくら過ごしてもたいていの人には勝ち目がないでしょう。それならば、一定の上達を見たところでそのゲームを打ち切り、別のタイトルに移ったほうが人生の可能性は広がります。

心の迷走が、あなたを過去の成功から解き放つ

特定のゲームへのこだわりを捨てるために、本書では「心の迷走」という考え方を採用します。

心の迷走とは、目の前の作業とは関係のない無益な思考が脳内に浮かぶ状態のことです。仕事中に「昨日見た動画はおもしろかったな……」「このあと何を食べようか……」など、毒にも薬にもならない思考やイメージが脳内に浮かび、ついつい作業がおろそかになったような経験は誰にでもあるでしょう。研究によれば、ほとんどの人は1日の思考の46・9%を「心の迷走」に費やすと言います(2)。

こういった脳の働きは、過去の幸運にしがみつく気持ちを打ち破るために欠かせません。心の迷走によって浮かんだ無益な思考が、私たちの新たな可能性を引き出して

くれるからです。

このメカニズムを理解するために、ミステリー作家のレイモンド・チャンドラーを例にしてみましょう。

チャンドラーは、『大いなる眠り』や『長いお別れ』などの傑作で知られる、犯罪小説の大家です。叙情性《じょじょうせい》の高い名文家として知られ、その後の探偵小説やミステリー映画に与えた影響は計り知れません。

興味深いのは、チャンドラーが執筆の際に設けた独自ルールです。彼は「1日4時間は何もしない」と決めており、その間は絶対に遊びに出ないのはもちろん、読書や運動、部屋の掃除など、あらゆる行為を自らに禁じました。唯一の例外は、4時間のあいだに思いついたアイデアを書き出すことのみで、それ以外は、ひたすら何もせず室内でくつろぎ続けたと言います。

天才の奇行としか思えぬ逸話ですが、この独自の執筆スタイルは、チャンドラーに大いなる恩恵を与えました。何もせず思考をさまよわせるうちに、脳内に浮かぶイメージが思わぬ形でつながり、それが新たな表現のヒントになったからです。

ヒッチコック映画のワンシーン、過去に読んだパルプフィクションの一節、散歩中に耳にした何げない会話の記憶――。

チャンドラー自身の言葉にもあるとおり、「論理的になればなるほど創造性は失われる」ものであり、その代わりに彼は脳内に浮かぶランダムな情報を見守り続けました。「さよならをいうのは、少し死ぬことだ」「撃っていいのは撃たれる覚悟のある奴だけだ」などの名フレーズは、心の迷走から生まれたのです。


心の迷走がもたらす創造性の高まりは、いい意味でも悪い意味でも、私たちの運を左右します。

まず良い側面は、私たちの脳内から大量の情報を引き出し、枠にはまった考え方から解き放ってくれる点です。

チャンドラーが実践したように、心の迷走は、あなたが過去に吸収した大量の記憶をあらためて意識の上に浮かびあがらせ、それぞれを有用な形で結びつける手伝いをしてくれます。断片的な記憶がつながり、思いもよらぬ発想を生んでくれるわけです。

そのメリットを示したデータも多く、なかでも有名なのはカリフォルニア大学の研究でしょう。研究チームは、72人の学者と113人の文筆家の協力を仰ぎ、全員に

「仕事のアイデアが生まれた瞬間に何をしていたか？」をランダムなタイミングで質問。良い発想が生まれたシチュエーションを、2週間にわたって記録させました(3)。

この研究でチームが重視したのは、「心の迷走は新たなアイデアを生むのか？」というポイントです。チャンドラーが無為の時間で良質なストーリーを生んだのと同じく、私たち一般人も「無関係な思考」によって、古い思考を乗り越えられるのでしょうか？

その答えはもちろんイエスで、**質が高いアイデアの約20%は、心の迷走が起きた直後に生まれていました。**皿洗い、領収書の整理、車の運転といった単純作業の最中に、無駄としか思えない思考が頭を埋め尽くしたときほど、良い発想が浮かびやすかったのです。研究としてはまだまだ追試が必要な段階ですが、旧来の思考法から抜け出したいときは、いったん心を迷走させたほうがよいのは間違いありません。

「迷走」という言葉にはネガティブな印象もありますが、実際には、**あなたの心に眠る可能性を引き出す作業**なのだと言えます。

あなたの可能性を引き出す7つの「迷走トレーニング」

ただし、ここで難しいのが、心の迷走には副作用もあるところです。心の迷走で創造性が高まったとのデータが多い一方で、じつは不安や抑鬱《よくうつ》との関係を示したデータも少なくありません。

代表的なのはハーバード大学による研究で、2250人の男女へ不定期にアンケートを送り、普段の生活で頭に浮かんだ思考を25万件も記録させたものです(4)。その結果を、研究チームはこう表現しています。

「心の迷走は、人間の幸福感の約10・8%を説明し、人の幸福度を高い精度で予測できる。そして心の迷走は、不幸のもとになりやすい」

分析によれば、日中に思考がさまよう回数が多い人ほど、不安、神経症、抑鬱などの症状を示す傾向が認められました。**心の迷走は創造性を高めてくれるものの、同時にメンタルの不調を引き起こすケースも多い**ようです。

心の迷走がメンタルの悪化につながるのは、4章で見た侵襲の発生率が上がってしまうからです。

心がさまよい出したあいだに起きる思考は、ポジティブなものだけとは限りません。「友人から返信がないのは嫌われているせいではないか……」「昇進を見送られたのはなぜだろう……」などの思考が浮かび、ネガティブな情報で頭が埋め尽くされた経験は誰でもあるでしょう。ここで迷走を無視できればよいのですが、ネガティブな迷走から意識をそらすのに失敗すると、徐々にネガティブな思考の発生率が増え、ほどなく侵襲の定着につながっていくわけです。

要するに、私たちが心の迷走を使いこなすには、その暗黒面から逃れながら、メリットだけを享受しなければなりません。なんの戦略もなしに心をさまよわせれば、あなたのなかでは不安が膨らみはじめ、昔の成功パターンに執着する気持ちが増大しかねないからです。

いかにも難問ですが、幸いなことに近年では、心の迷走を有効に使う方法が明らかにされています。具体的な「迷走トレーニング」を、7つ紹介しましょう。

トレーニング1　迷走をスケジュールする

迷走トレーニングのなかで、もっとも重要なのが「意図性」の考え方です。何やら難しそうな単語ですが、簡単にまとめると次のような意味になります。

❶ **心を迷走させるタイミングを前もって決めておく**

❷ **決めた時間にだけ心を迷走させる**

1日のなかで、心を迷走させる時間を明確に確保するのが意図性の基本。「明日の15時から10分だけ心を迷走させる」「寝る1時間前に何も考えない時間を持つ」といったように、事前に心をさまよわせるタイミングを細かく決めておくわけです。

その効果を示したデータも多く、274人の大学生を対象にしたノースカロライナ大学の実験では、参加者が普段からどのように心を迷走させているかを調査(5)。そのうえで、全員の認知能力を測るテストを指示したところ、以下の結果が得られました。

◉前もって「この時間は心を迷走させる」と決めておいた人は、認知テストの成績が良く、より新たな発想で問題を解決できた
◉ランダムなタイミングで思考がさまようタイプの人ほど認知テストに集中できず、成績が悪かった

日ごろから戦略的に心を迷走させている人は、脳内で複数の情報がランダムに結びつきやすく、そのおかげで凝り固まった思考から抜け出すのがうまいようです。無計画な空想は問題の種になりますが、計画的な心の迷走なら、逆にあなたの思考を解放する起爆剤として働いてくれます。

心の迷走に費やす時間は、1日あたり15〜30分が目安です。通勤中の電車、集中力を使わない事務作業の最中など、あなたが〝心ここにあらず〟でいられる時間帯を探して、迷走をスケジューリングしてみましょう。

トレーニング2　迷走誘発タスクを行う

心の迷走は、シンプルな作業の最中に発生しやすい傾向があります。単純作業には大きな集中力を必要としないので、そのぶんだけ意識が脳内の無作為な思考に向かうからです。心の迷走を誘発しやすいタスクの例を見てみましょう。

◉シンプルな運動

ウォーキングやジョギングのようなリズム運動は、単純な動作のくり返しが続くため、心がさまよいやすいタスクの典型です。また、血流の改善による気分の改善も見込めるため、心の迷走の副作用を防ぐ効果も見込めます。

迷走用にリズム運動を使うときは、時速6〜8キロの「やや速歩き」を一定のペースで行うのがおすすめです。

◉軽い雑用全般

集中力が不要な軽い雑用も、心の迷走を起こすのに最適です。仕事の休憩でお茶を入れたり、勉強の合間に机を片づけたりと、脳の負荷が低い作業によって意識がほぐれ、これが心の迷走につながります。

ただし、軽い雑用で迷走を起こしたいときは、「30分で部屋を掃除しよう」「もっときれいに洗わなくては」などと目標を決めないでください。特定のゴールに意識が向かった瞬間から、私たちの脳は迷走を止めてしまいます。

◉手だけを動かす作業全般

手だけを忙しく動かすような作業にも、心の迷走を起こしやすい傾向があります。編み物、草むしり、ペン回しのように、同じ動きが続くアクティビティは、あなたの集中力を適度に解放し、代わりに無関係な思考を引き出す呼び水になってくれます。

注意点は先ほどと同じで、「締め切りまでに作業を終えねば」のようなプレッシャーを自分に与えないでください。ただ手を動かしさえすれば、心の迷走を引き出す効果は得られます。

◉意図的な落書き

数ある迷走誘発タスクのなかでも、もっともデータが多いのが「落書き」です。落書きによって心の迷走が起き、凝り固まった頭を解放してくれることは、複数の研究で示されています(6)(7)。

落書きの内容はなんでもよく、好きなキャラクターのイラストを殴り書きしてもいいでしょうし、頭に浮かんだ無意味なフレーズを端から書き出しても構いません。落書きの内容が思いつかないときは、いまあなたが抱える問題について考えてみましょう。たとえば、「このプロジェクトに最適なリソースは?」「上司とうまく会話するには?」など、いまの問題を思い浮かべたら、そのまま落書きを始めるわけです。この方法によって意図的な心の迷走が起き、斬新な解決策を思いつきやすくなります。

トレーニング3　前方にビジュアライズする

前方へのビジュアライズとは、意図的にポジティブな空想を頭に浮かべて、心の迷走を起こす方法です。まずは具体的な方法から見てみましょう。

❶　誰にも邪魔されない場所を探し、数分間ほどリラックスして座る

❷　いまから半年〜10年後の好きな時点を選び、すべてのものごとがうまくいった理

想の未来を想像してみる

❸ 脳が勝手にイメージを展開していく様子を見守り、そのまま5～10分ほどその想像に浸る

ここで選ぶ「理想の未来」は、あなたが楽しめる情景であればなんでも構いません。人間関係と家族との仲がすべて好調な場面。昔から夢に見ていた仕事についた瞬間。趣味で大きな利益を上げたシーン。

どのような未来でも問題ないので、とにかく自分の理想をイメージしましょう。うまく理想像が浮かばないときは、リゾート地で寝転がったり、かわいい猫とたわむれたりと、あなたが快適さを覚えるイメージを選んでください。

また、未来を想像する際は、可能な限り細部までイメージするのがポイントです。「理想の未来にいる私はどのような気分か？」「どのような感情を抱いているのか？」など、その場面にいる自分の姿をクリアに思い描きましょう。

ただの現実逃避のように思えてしまう手法ですが、その効果の高さは、精度の良い研究で確かめられています。代表例はフライ大学によるメタ分析で、研究チームが過去に行われた34件のデータを分析したところ、前方ビジュアライズを実践した被験者ほど良い心の迷走が起き、メンタルが大きく改善したと結論づけました(8)。

しかし、ここで注意してほしいのは、「プロサッカー選手として世界で活躍する」「最年少でノーベル賞を取る」のように、現実離れしたイメージをしてはいけない点です。無理なイメージを思い浮かべると、現実との落差が際立ちすぎてしまい、脳がネガティブなモードに入りかねません。あくまで**現実の延長にある理想の未来を想像する**ように、気をつけてください。

トレーニング4　ステレオタイプを使う

4つめのトレーニングも、イメージの力で心の迷走を引き出す手法のひとつで、以下のように行います。

❶ **いまあなたが抱えている問題をひとつだけピックアップする**(「仕事が遅い」「モチベーションがない」など)

❷「幸運に恵まれている人」「問題解決がうまい人物」と言われたときに、ぱっと頭に思い浮かぶ人物をひとりだけ選ぶ

❸その人物になりきったつもりで、「自分が抱える問題についてどう考えればいいだろう?」と自問し、あとは脳内にいろいろな思考が浮かぶに任せる

❷で選ぶ人物は、あなたの身の回りの人物でも、フィクションのキャラクターでも構いません。ダリやピカソのような芸術家を思い描くもよし、自分の職場にいるアイデアマンを選ぶもよし、自分が心から「この人は幸運だ」「この人は創造的だ」と思える人物を選んでください。

また、このトレーニングを行う際は、最終的な答えを出す必要はありません。ここで一番大事なのは、別のキャラクターになりきり、普段の自分とは異なる視点から考えることです。心理学の世界で「創造性ステレオタイプ」と呼ばれる手法で、別人の視点に立つだけでも、私たちの脳は旧来の思考から解放され、過去の成功にとらわれない思考が可能になります(9)。

トレーニング5　オプションを消す

過去の成功にこだわる人は、かつての自分が選んだ方法しか正しいものはないと考え、新たな問題にも昔ながらの手法で取り組もうとします。そのままでは過去の成功パターンから抜け出せず、決まりきった行動しか起こせません。

この状態を脱するために有効なのが、「オプションを消す」というトレーニングです。スタンフォード大学の研究チームが考案した手法で、次のような要領で行います(10)。

❶なんらかの問題に出くわしたら、思いつく解決策をすべてリストアップする

❷「そのリストの解決策がすべて使えなかったら?」と想像してみる

❸リストにない解決策を考える

シンプルなトレーニングながら、これだけでもあなたの脳は迷走モードに移行します。思いつく解決策をいったんすべて消してしまうため、旧来の方法に逃げ込むことができず、脳が自動的に別の候補を探そうとしはじめるからです。自分が過去の解決策を流用しているのに気づいたら、オプションを消すように心がけてみてください。

トレーニング6　二番手を追う

ほとんどの人は、成功を目指す際に〝一番手〟を参考にするものです。急に成績を伸ばした同僚をまねしたり、業界トップに躍り出た企業の戦略を調べたり、かつて成功を収めた手法を再利用したりと、似たような例はいくらでも存在します。勢いがあるトップパフォーマーを模倣《もほう》し、実績のある過去の戦略を再び使いたくなるのは、誰にでもある自然な心の動きでしょう。

しかし、この考え方にはリスクがあります。成果の良いトップパフォーマーほど、幸運に恵まれた回数が多かったと考えられるからです。

ESMTベルリンの研究では、過去20年におよぶビルボードの記録から8297組のアーティストのデータを収集し、かつてチャートでトップ20に入ったアーティストが、次のシングルでも同じ成功を維持できる確率を確かめました(11)。分析の結果は、以下のとおりです。

◉トップクラスのヒットを出したアーティストほど次作の売り上げが下がりやすく、そのランクの平均は40〜45位だった

◉チャートで22〜30位に入ったアーティストは、次のシングルも同じように売れる傾向があった

全体的に見ると、二番手のアーティストたちは、一番手よりも安定したパフォーマンスを出せていました。その原因はさまざまですが、もっとも影響が大きかったのは、やはり運の要素だと考えられます。

大きな成功には幸運が欠かせないことは、序章でもお伝えしたとおりです。大きな成功を手にしたアーティストの背後には、実力とはまた別の要素が働いていた可能性は非常に高いでしょう。それゆえに、急激な成功者ほど、同じレベルの成功を維持できない確率も高くなってしまいます。他方で二番手に落ち着いたグループは、運が関わった要素が少ないだけに実力があると考えられ、その後の安定したパフォーマンスにつながるのです。

ちなみに、同じ現象はビジネスの世界でも確認されており、フォーチュン誌の「優良企業100社」を調べた研究によれば、成長率がトップの企業（年率34％以上）は、二番手の企業（年率32％以上34％未満）に比べて、来期の成長率が著しく低かったとのこと(12)。この結果もまた、二番手の企業ほど、高いパフォーマンスを維持しやすい事実を示しています。

もしトップパフォーマーのあとを追いたくなったり、過去の戦略を再利用したくなったときは、「二番手の人物やアイデアに注目できないか？」と考え直してみてください。**二番手を追うことにより、あなたはより成功の罠から抜け出しやすくなる**のです。

トレーニング7　孤独を選ぶ

最後のトレーニングは、「孤独を選ぶ」です。

近年の研究では、あえて集団から離れてひとりだけの環境に身を置く行為にも、心の迷走を引き起こす働きがある事実がわかってきました。たとえば、ニューヨーク州立大学などの研究では、学生の参加者を対象に、孤独と創造性の相関を調べるテストを行い、非社交的な人ほど創造性が高かったと報告しています(13)。

この研究が定義する「非社交的な人」とは、次のようなキャラクターです。

◉他者との交流は求めないが、仲間からの誘いを断ったりもしない
◉ひとりでいても寂しさを感じず、孤独を楽しむことができる

非社交的な人は、対人コミュニケーションを好むものの、自ら友人を誘うことはほとんどありません。また、一般的な「孤独」のイメージとは異なり、ひとりでいてもネガティブな感情に襲われないのも特徴です。要するに、孤独を楽しめる人ほど過去のルーチンにこだわらず、新たな発想を生み出すのが得意だったわけです。

孤独によって古い行動を打破できる理由はふたつあり、まずひとつめは、他人との関わりを断つことで心の迷走が刺激される点。孤独でいれば他者とのコミュニケーションに脳のリソースを使わずにすみ、心が自由にさまよい出すのを待つことができるからです。

それと同時に、ひとりだけでいれば「周りに話を合わせなければ」「変なことを言わないようにせねば」といった気持ちには悩まされずにすみます(14)。周囲の顔色をうかがう必要がないため、旧来の枠にとらわれない発想を可能にするのです。

ただし、孤独のメリットを得るために、人里を離れた山奥に引きこもる必要はありません。「この日はひとりで過ごす」「16時から1時間だけ孤独を選ぶ」「1時間早くオフィスに入る」などと事前に決めておき、そのとおりに過ごすだけでも十分です。

もちろん、その際はスマートフォンやＰＣの電源を切り、外界との接触を断つのをお忘れなく。

すべての行動は〝経験値〟として加算される

心の迷走で過去の幸運を手放すことができたら、あとは次にプレイするゲームを探しに出ましょう。再び運の方程式に最初から取り組み、行動量を増やすフェーズからやり直してください。

というと大変なようですが、あなたがここまで鍛えてきた能力が、リセットされてしまうわけではないのでご安心を。世界を探索する過程で身につけたスキルは、脳のデータベースに〝経験値〟として加算され、ひとつのゲームが終わったあとでもあなたのなかに残り続けます。

また、本書で見てきた4つの能力は、いずれもあらゆる仕事や趣味に役立つ基本的なものであり、新たなゲームでも十分に活用が可能です。

言い換えれば、もしひとつのゲームに挫折しても気落ちする必要はありません。どれだけゲームオーバーをくり返そうが、そのたびにあなたは確実にレベルアップに近づき、人生という運ゲーの攻略も必ずや容易になっていくからです。

終章　別のゲームを始める

| | ワールドマップを探索する | 2 | 攻略のヒントに気づく |

おわりに――〝運ゲー〟をイージーモードに切り替える

勝者ほど自分の才能と努力を過大評価する

「成功者には自己の力が大に見える」

明治を代表する作家、幸田露伴《こうだろはん》の言葉です。

成功した人ほど自分の才能と努力を過大にとらえ、その過程で起きた運の重みを軽んじてしまう。多くの人生論を残した露伴は、何人もの成功者を調べたうえで、そのような結論に至りました。

この観察の正しさはデータからも疑いなく、たとえば大学教授を対象にした調査では、被験者の94％が「自分の成果は平均以上だ」と答え、**高学歴な者ほど自分の能力を上に見やすい**事実を報告しています(1)。

また、成功した起業家約3000人を対象とした研究でも、81％が自分のビジネスの成功率は70％程度だと考え、3分の1は「失敗の可能性がない」と答えました(2)。自らの成功を運のおかげと考えるような成功者は、やはり少数派のようです。

こういった成功者たちの答えが、事実を反映していないことは言うまでもないでしょう。

平均より上の能力を持つ教授が9割も存在するわけがなく、5年で8割以上が廃業に追い込まれるベンチャーの世界において、その成功率が7割に達するはずもありません。序章で何度も見たように、成功者のほとんどが運に恵まれていたのは明白であり、成功しなかった者が不運だったのもまた明白です。

それにもかかわらず、世に出回る成功のアドバイスの多くは、大きな達成を約束する魔法のレシピか、または失敗を防ぐための秘密のルールの存在ばかりを約束し、並外れた偉業の多くが、運のおかげである事実を指摘しません。

その理由は言うまでもなく、もともと人間とは、すべての成功に明確な理由を求める生き物だからです。行動経済学の権威ダニエル・カーネマンは、自著で次のように指摘しています(3)。

「成功の物語が読者の心をつかむのは、私たちの脳が欲しがるものを提供してくれるからだ。勝利にはすべて明らかな原因があり、運や統計的な平均回帰は無視してかまわない。そんなメッセージのことである」

1章で説明したとおり、ヒトの脳内には、進化の過程で未知の情報を嫌うシステムが備わりました。そのため多くの人は、難しい問題に直面すると、反射的にわかりやすい答えを探そうとします。

「あの企業が急成長したのは、社長のリーダーシップのおかげだ」

「あの人がインフルエンサーになったのは、トークがうまいからだ」

本当はもっと複雑な原因があるかもしれないのに、未知の情報がもたらす不快感を嫌うあまり、手軽な答えを求めてしまうわけです。その過程で、〝運〟のように曖昧な理由は無視され、成功要因のひとつとして扱われることはありません。

とくに現代のように不確実性が高い時代においては、誰もが明確な答えを求め、それに依存したくなるものでしょう。かくして、勝者の物語からは〝運〟の要素が排除され、成功者の過信はいよいよ深まっていきます。

失敗と成功に心を動かされず、ただ方程式を使い続ける

本書の最後に〝過信〟の問題を取り上げたのは、このメンタリティが、運の方程式を狂わせるからです。

当たり前ですが、いったん「私は成功できる」と思い込んだら、もはや自分の行動と思考に疑問を抱く必要はなくなり、そこからさらに新たな知識を学んだり、活動の範囲を広げたりといった気は失せるでしょう。簡単に言えば、**過信によって好奇心が**

下がり、世界の探索がおろそかになってしまうわけです。

また、それと同時に、過信の心には、察知力を下げる働きもあります。

私たちが日常で起きた良い偶然に気づくためには、自らの能力の限界を認めたうえで、世の中の変化を客観的に見つめねばならないことは、2章で何度も見たとおりです。それなのに、「自分にはすべてわかっている」と思い込んだら、その直後から知的謙虚さは失われ、身の回りに起きた幸運に気づけなくなります。

事実、257ページで取り上げた起業家の調査でも、過信が強い者ほど、のちの事業が失敗に終わる確率が高かったそうです。そんなことになってしまうのも、自らの才能と努力を過大にとらえすぎ、運の力を軽んじたからにほかなりません。**運のホットストリークは、尊大な心からは生まれない**のです。

要するに、成功者は、自らの能力や成果におごってはいけません。その**成功は、多くが運の産物**だからです。

同じように、失敗者は、自らの敗北を嘆く必要はありません。その**失敗もまた、多くが運の産物**だからです。

結局のところ、あなたがどれだけ大きな成功を収めようが、どれだけ手痛い失敗を経験しようが、いずれの状況においても、そのあとでやるべきことは変わりません。成功の喜びに慢心するのではなく、失敗の痛みに膝を屈するのでもなく、本書でお伝えした能力を生涯にわたって鍛えながら、いろいろなゲームへの挑戦をくり返す。ただそれだけです。

ぜひ、人生の失敗と成功に心を動かされず、運の方程式を淡々と使い続けてみてください。そんなチャレンジをくり返すうちに、人生という〝運ゲー〟は、少しずつイージーモードに切り替わっていくはずです。

皆さまの、ご多幸をお祈りしています。

鈴木祐

参考文献

はじめに

1. Branko Milanovic; Global Inequality of Opportunity: How Much of Our Income Is Determined by Where We Live?. The Review of Economics and Statistics 2015; 97 (2): 452–460. doi: https://doi.org/10.1162/REST_a_00432
2. ダニエル・ハマーメッシュ『美貌格差—生まれつき不平等の経済学』東洋経済新報社 (2015)
3. Lubinski D, Benbow CP. Study of Mathematically Precocious Youth After 35Years: Uncovering Antecedents for the Development of Math-Science Expertise. Perspect Psychol Sci. 2006 Dec;1(4):316-45. doi: 10.1111/j.1745-6916.2006.00019.x. PMID: 26151798.
4. Qianqian Du, Huasheng Gao, Maurice D. Levi, The relative-age effect and career success: Evidence from corporate CEOs, Economics Letters, Volume 117, Issue 3,2012, Pages 660-662, ISSN 0165-1765, https://doi.org/10.1016/j.econlet.2012.08.017
5. Laham, S.M., Koval, P., & Alter, A.L. (2012). The name-pronunciation effect: Why people like Mr. Smith more than Mr. Colquhoun. Journal of Experimental Social Psychology, 48, 752-756.

序章　〝運〟のアルゴリズムを学ぶ

1. J.D. クランボルツ『その幸運は偶然ではないんです！』ダイヤモンド社 (2005)
2. 矢野眞和『教育と労働と社会：教育効果の視点から』日本労働研究雑誌２００９年７月号 (No.588)
3. Biondo, Alessio Emanuele &Rapisarda, Andrea. (2018). Talent vs Luck: the role of randomness in success and failure. Advances in Complex Systems. 21. 10.1142/S0219525918500145.
4. ロバート H. フランク『成功する人は偶然を味方にする：運と成功の経済学』日経ＢＰマーケティング (2017)
5. このシミュレーションは、運と能力の散らばり方に正規分布を使っておらず、上位の競争が実際より激しくなる問題がある点には注意されたい。
6. Biondo, Alessio Emanuele & Rapisarda, Andrea. (2018). Talent vs Luck: the role of randomness in success and failure. Advances in Complex Systems. 21. 10.1142/S0219525918500145.
7. https://wir2022.wid.world/
8. https://oi-files-d8-prod.s3.eu-west-2.amazonaws.com/s3fs-public/file_attachments/bp-economy-for-99-percent-160117-en.pdf
9. Janosov, Milan & Battiston, Federico & Sinatra, Roberta. (2020). Success and luck in creative careers. EPJ Data Science. 9. 10.1140/epjds/s13688-020-00227-w.

10. Güllich A, Macnamara BN, Hambrick DZ. What Makes a Champion? Early Multidisciplinary Practice, Not Early Specialization, Predicts World-Class Performance. Perspect Psychol Sci. 2022 Jan;17(1):6-29. doi: 10.1177/1745691620974772. Epub 2021 Jul 14. PMID: 34260336.

11. Clayton M. Christensen , Jeff Dyer , Hal Gregersen『The Innovator's DNA: Mastering the Five Skills of Disruptive Innovators』Harvard Business Review Press (2011)

12. Mitchell, K. E., Al Levin, S., & Krumboltz, J. D. (1999). Planned happenstance: Constructing unexpected career opportunities. Journal of Counseling & Development, 77(2), 115-124.

1章　ワールドマップを探索する

1. Ogurlu, Uzeyir & Özbey, Adnan. (2021). Personality differences in gifted versus non-gifted individuals: A three-level meta-analysis. High Ability Studies. 33. 1-25. 10.1080/13598139.2021.1985438.

2. Custodio, Claudia & Ferreira, Miguel & Matos, Pedro. (2013). Generalists versus specialists: Lifetime work experience and chief executive officer pay. Journal of Financial Economics. 108. 471–492. 10.1016/j.jfineco.2013.01.001.

3. Murphy, Kevin & Zabojnik, Jan. (2006). Managerial Capital and the Market for CEOs. SSRN Electronic Journal. 10.2139/ssrn.984376.

4. Hudson, N. W., Briley, D. A., Chopik, W. J., & Derringer, J. (2019). You have to follow through: Attaining behavioral change goals predicts volitional personality change. Journal of Personality and Social Psychology, 117(4), 839–857. https://doi.org/10.1037/pspp0000221

5. Mueller, Jennifer & Melwani, Shimul & Goncalo, Jack.(2011). The Bias Against Creativity: Why People Desire but Reject Creative Ideas. Psychological Science. 23. 13-7. 10.1177/0956797611421018.

6. https://implicit.harvard.edu/implicit//japan/

7. V. L. Dawson, Thomas D'Andrea, Rosalinda Affinito & Erik L. Westby (1999) Predicting Creative Behavior: A Reexamination of the Divergence Between Traditional and Teacher-Defined Concepts of Creativity, Creativity Research Journal, 12:1, 57-66, DOI: 10.1207/s15326934crj1201_7

8. Ford, C. M., & Gioia, D. A. (2000). Factors influencing creativity in the domain of managerial decision making. Journal of Management, 26(4), 705–732. https://doi.org/10.1016/S0149-2063(00)00053-2

9. Katherine Giuffre, Sandpiles of Opportunity: Success in the Art World, Social Forces, Volume 77, Issue 3, March 1999, Pages 815–832, https://doi.org/10.1093/sf/ 77.3.815

10. Karla Starr『Can You Learn to be Lucky? : Why Some People Seem to Win More Often than Others』Portfolio(2018)

11. Galinsky AD, Todd AR, Homan AC, Phillips KW, Apfelbaum EP, Sasaki SJ, Richeson JA, Olayon JB, Maddux WW. Maximizing the Gains and Minimizing the Pains of Diversity: A Policy Perspective. Perspect Psychol Sci. 2015 Nov;10(6):742-8. doi: 10.1177/1745691615598513. PMID: 26581729.

12. Herring, C. (2009). Does diversity pay?: Race, gender, and the business case for diversity. American Sociological Review, 74(2), 208–224. https://doi.org/ 10.1177/000312240907400203

13. Mohd Salleh, Sri Sarah Maznah & Fareed, Muhammad & Yusoff, Rushami & Saad, Rohaizah. (2018). Internal and external top management team (Tmt) networking for advancing firm innovativeness. Polish Journal of Management Studies. 18. 311-325. 10.17512/pjms.2018.18.1.23.
14. ABRAHAM FLEXNER 「THE USEFULNESS OF USELESS KNOWLEDGE」 Harpers Magazine 1939 June/November, issue 179, pp.544-552.

2章　攻略のヒントに気づく

1. Hyman, I. E., Jr., Sarb, B. A., & Wise-Swanson, B. M. (2014). Failure to see money on a tree: Inattentional blindness for objects that guided behavior. Frontiers in Psychology, 5, Article 356. https://doi.org/10.3389/fpsyg.2014.00356
2. Strayer, David & Drews, Frank. (2007). CellPhone–Induced Driver Distraction. Current Directions in Psychological Science - 16. 128-131. 10.1111/j.1467-8721.2007.00489.x.
3. Chen P, Powers JT, Katragadda KR, Cohen GL, Dweck CS. A strategic mindset: An orientation toward strategic behavior during goal pursuit. Proc Natl Acad Sci U S A. 2020 Jun 23;117(25):14066-14072. doi: 10.1073/pnas.2002529117. Epub 2020 Jun 10. PMID: 32522882; PMCID: PMC7322028.
4. https://www.gong.io/blog/deal-closing-discovery-call/
5. Kagan, S. Foreword to Wiederhold, C.『Cooperative Learning and Critical Thinking: The Question Matrix.』San Clemente, CA: Kagan Publishing, 1991
6. King, A. (1992). Facilitating elaborative learning through guided student-generated questioning. Educational Psychologist, 27(1), 111–126. https://doi.org/10.1207/s15326985ep2701_8
7. Chuck Wiederhold『Cooperative Learning and Higher Level Thinking: The Q-Matrix Perfect』Skylight Professional Development(1995)
8. Chai J, Qu W, Sun X, Zhang K, Ge Y. Negativity Bias in Dangerous Drivers. PLoS One. 2016 Jan 14;11(1):e0147083. doi: 10.1371/journal.pone.0147083. PMID: 26765225; PMCID: PMC4713152.
9. Stephens, Amanda & Trawley, Steven & Madigan, Ruth & Groeger, John. (2013). Drivers Display Anger-Congruent Attention to Potential Traffic Hazards. Applied Cognitive Psychology. 27. 178-189. 10.1002/acp.2894.
10. Briggs, G. F., Hole, G. J., & Land, M. F. (2011). Emotionally involving telephone conversations lead to driver error and visual tunnelling. Transportation Research Part F: Traffic Psychology and Behaviour, 14(4), 313-323. https://doi.org/10.1016/j.trf.2011.02.004
11. Leary MR, Diebels KJ, Davisson EK, Jongman-Sereno KP, Isherwood JC, Raimi KT, Deffler SA, Hoyle RH. Cognitive and Interpersonal Features of Intellectual Humility. Pers Soc Psychol Bull. 2017 Jun;43(6):793-813. doi: 10.1177/0146167217697695.Epub 2017 Mar 17. PMID: 28903672.
12. Mark Leary『What Does Intellectual Humility Look Like?』Greater Good Magazine(2021)
13. Mark Leary『The Curse of the Self: Self-Awareness, Egotism, and the Quality of Human Life』Oxford University Press(2004)
14. Mark Leary『Handbook of Self and Identity』Guilford Press (2012)
15. Deffler, Samantha & Leary, Mark & Hoyle, Rick. (2016). Knowing what you know: Intellectual humility and judgments of recognition memory.

Personality and Individual Differences. 96. 255-259. 10.1016/j.paid.2016.03.016.

16. Meagher, Benjamin & Leman, Joseph & Heidenga, Caitlyn & Ringquist, Michala & Rowatt, Wade. (2020). Intellectual Humility in Conversation: Distinct Behavioral Indicators of Self and Peer Ratings. The Journal of Positive Psychology. 16. 10.1080/17439760.2020.1738536.
17. Farrell, Jennifer & Hook, Joshua & Ramos, Marciana & Davis, Don & Van Tongeren, Daryl & Ruiz, John. (2015). Humility and Relationship Outcomes in Couples: The Mediating Role of Commitment.. Couple and Family Psychology: Research and Practice. 4. 10.1037/cfp0000033.
18. Rozenblit L, Keil F. The misunderstood limits of folk science: an illusion of explanatory depth. Cogn Sci. 2002 Sep 1;26(5):521-562. doi: 10.1207/s15516709cog2605_1. PMID: 21442007; PMCID: PMC3062901.

3章　メインクエストに挑む

1. Liu L, Dehmamy N, Chown J, Giles CL, Wang D. Understanding the onset of hot streaks across artistic, cultural, and scientific careers. Nat Commun. 2021 Sep 13;12(1):5392. doi: 10.1038/s41467-021-25477-8. PMID: 34518529; PMCID: PMC8438033.
2. Yeager, David & Dweck, Carol. (2012). Mindsets That Promote Resilience: When Students Believe That Personal Characteristics Can Be Developed. Educational Psychologist. 47. 10.1080/00461520.2012.722805.
3. Oaten M, Cheng K. Longitudinal gains in self-regulation from regular physical exercise. Br J Health Psychol. 2006 Nov;11(Pt 4):717-33. doi: 10.1348/135910706X96481. PMID: 17032494.
4. Hudson, N. W., Briley, D. A., Chopik, W. J., & Derringer, J. (2019). You have to follow through: Attaining behavioral change goals predicts volitional personality change. Journal of Personality and Social Psychology, 117(4), 839–857. https://doi.org/10.1037/pspp0000221
5. Sheldon KM. Becoming oneself: the central role of self-concordant goal selection. Pers Soc Psychol Rev. 2014 Nov;18(4):349-65. doi:10.1177/1088868314538549. Epub 2014 Jun 30. PMID: 24981515.
6. Sheldon, K. M., & Houser-Marko, L. (2001). Self-concordance, goal attainment, and the pursuit of happiness: Can there be an upward spiral? Journal of Personality and Social Psychology, 80(1), 152–165. https://doi.org/10.1037/0022-3514.80.1.152
7. Smith A, Ntoumanis N, Duda J. Goal striving, goal attainment, and well-being: adapting and testing the self-concordance model in sport. J Sport Exerc Psychol.2007 Dec;29(6):763-82. doi: 10.1123/jsep.29.6.763. PMID: 18089903.
8. Langer, E. J., & Rodin, J. (1976). The effects of choice and enhanced personal responsibility for the aged: A field experiment in an institutional setting. Journal of Personality and Social Psychology, 34(2), 191–198. https://doi.org/10.1037/0022-3514.34.2.191

4章　コンティニューをくり返す

1. https://www.chusho.meti.go.jp/pamflet/hakusyo/
2. Wang Y, Jones BF, Wang D. Early-career setback and future career impact. Nat Commun. 2019 Oct 1;10(1):4331. doi: 10.1038/s41467-019-12189-3.

PMID: 31575871; PMCID: PMC6773762.
3. Camuffo, Arnaldo & Cordova, Alessandro & Gambardella, Alfonso & Spina, Chiara. (2019). A Scientific Approach to Entrepreneurial Decision Making: Evidence from a Randomized Control Trial. Management Science. 66. 10.1287/mnsc.2018.3249.
4. Kim, S., & Gal, D. (2014). From compensatory consumption to adaptive consumption: The role of self-acceptance in resolving self-deficits. Journal of Consumer Research, 41(2), 526–542. https://doi.org/ 10.1086/676681
5. Kolubinski, D.C., Nikčević, A.V. & Spada, M.M. The Effect of State and Trait Self-Critical Rumination on Acute Distress: An Exploratory Experimental Investigation. J Rat-Emo Cognitive-Behav Ther 39, 306–321 (2021). https://doi.org/10.1007/s10942-020-00370-3
6. Lancer, D. (2016). Substance abuse: The power of acceptance. Psych Central Library. Retrieved from https://psychcentral.com/lib/substance-abuse-the-power-of-acceptance/
7. Mattingly, Brent & Mcintyre, Kevin & Lewandowski Jr, Gary. (2020). Interpersonal Relationships and the Self-Concept. 10.1007/978-3-030-43747-3.

終章　別のゲームを始める

1. Dima, Waleed & Al-Abdallah, Shadi & Abualjarayesh, Nada. (2018). Behavioral Biases and Investment Performance: Does Gender Matter? Evidence from Amman Stock Exchange.
2. Killingsworth MA, Gilbert DT. A wandering mind is an unhappy mind. Science. 2010 Nov 12;330(6006):932. doi: 10.1126/science.1192439. PMID: 21071660.
3. Gable, Shelly & Hopper, Elizabeth & Schooler, Jonathan. (2019). When the Muses Strike: Creative Ideas of Physicists and Writers Routinely Occur During Mind Wandering. Psychological Science. 30. 095679761882062. 10.1177/0956797618820626.
4. Killingsworth MA, Gilbert DT. A wandering mind is an unhappy mind. Science. 2010 Nov 12;330(6006):932. doi: 10.1126/science.1192439. PMID: 21071660.
5. Kane MJ, Gross GM, Chun CA, Smeekens BA, Meier ME, Silvia PJ, Kwapil TR. For Whom the Mind Wanders, and When, Varies Across Laboratory and Daily-Life Settings. Psychol Sci. 2017 Sep;28(9):1271-1289. doi: 10.1177/0956797617706086. Epub 2017 Jul 18. PMID: 28719760; PMCID: PMC5591044.
6. Lujan HL, DiCarlo SE. First-year medical students prefer multiple learning styles. Adv Physiol Educ. 2006 Mar;30(1):13-6. doi: 10.1152/advan.00045.2005. PMID: 16481603.
7. Andrade, J. (2010). What does doodling do? Applied Cognitive Psychology, 24(1), 100–106. https://doi.org/10.1002/acp.1561
8. Heekerens, J. B., & Eid, M. (2021). Inducing positive affect and positive future expectations using the best-possible-self intervention: A systematic review and meta-analysis. The Journal of Positive Psychology, 16(3), 322–347. https://doi.org/10.1080/17439760.2020.1716052
9. Dumas D, Dunbar KN. The Creative Stereotype Effect. PLoS One. 2016 Feb 10;11(2):e0142567. doi: 10.1371/journal.pone.0142567. PMID: 26863143; PMCID: PMC4749277.

10. Chip Heath , Dan Heath『Decisive: How to Make Better Choices in Life and Work』(2013)Currency
11. Denrell, Jerker & Fang, Christina & Liu, Chengwei. (2019). In Search of Behavioral Opportunities From Misattributions of Luck. Academy of Management Review. 44. 10.5465/amr.2017.0239.
12. Chengwei Liu『Luck: A Key Idea for Business and Society (Key Ideas in Business and Management)』Routledge(2019)
13. Bowker, J. C., Stotsky, M. T., & Etkin, R. G. (2017). How BIS/BAS and psycho-behavioral variables distinguish between social withdrawal subtypes during emerging adulthood. Personality and Individual Differences, 119, 283–288. https://doi.org/10.1016/j.paid.2017.07.043
14. Long, Christopher & Averill, James. (2003). Solitude: An Exploration of Benefits of Being Alone. Journal for the Theory of Social Behaviour. 33. 21 - 44. 10.1111/1468-5914.00204.

おわりに

1. Dunning D, Heath C, Suls JM. Flawed Self-Assessment: Implications for Health, Education, and the Workplace. Psychol Sci Public Interest. 2004 Dec;5(3):69-106. doi: 10.1111/j.1529-1006.2004.00018.x. Epub 2004 Dec 1. PMID: 26158995.
2. Cooper, A.C., Woo, C.Y., & Dunkelberg, W.C. (1988). Entrepreneurs' perceived chances for success. Journal of Business Venturing, 3, 97-108.
3. ダニエル・カーネマン『ファスト&スロー』早川書房 (2012)

著者プロフィール

鈴木 祐

Yu Suzuki

サイエンスライター。1976年生まれ。慶應義塾大学SFC卒業後、出版社勤務を経て独立。10万本の科学論文の読破と600人を超える海外の学者や専門医へのインタビューを重ね、多数の執筆を手がける。自身のブログ「パレオな男」では心理、健康、科学に関する最新の知見を紹介し続け、月間250万PVを達成。近年はヘルスケア企業などを中心に、科学的なエビデンスの見分け方を伝える講演なども行う。著書に『YOUR TIME　ユア・タイム』（河出書房新社）、『進化論マーケティング』（すばる舎）、『最高の体調』『科学的な適職』（クロスメディア・パブリッシング）、『ヤバい集中力』（SBクリエイティブ）、『不老長寿メソッド』（かんき出版）他、ベストセラー多数。

運の方程式
チャンスを引き寄せ結果に結びつける科学的な方法

発行日　2023年2月14日　第1刷
発行日　2023年2月27日　第3刷

著者　鈴木 祐

本書プロジェクトチーム
編集統括　柿内尚文
編集担当　大住兼正
デザイン　杉山健太郎
編集協力　天野由衣子（コサエルワーク）
DTP　藤田ひかる（ユニオンワークス）
校正　東京出版サービスセンター

営業統括　丸山敏生
営業推進　増尾友裕、綱脇愛、桐山敦子、相澤いづみ、寺内未来子
販売促進　池田孝一郎、石井耕平、熊切絵理、菊山清佳、山口瑞穂、
吉村寿美子、矢橋寛子、遠藤真知子、森田真紀、氏家和佳子
プロモーション　山田美恵、山口朋枝

編集　小林英史、栗田亘、村上芳子、菊地貴広、山田吉之、大西志帆、
福田麻衣
講演・マネジメント事業　斎藤和佳、志水公美、程桃香
メディア開発　池田剛、中山景、中村悟志、長野太介、入江翔子
管理部　八木宏之、早坂裕子、生越こずえ、本間美咲、金井昭彦
マネジメント　坂下毅
発行人　高橋克佳

発行所　株式会社アスコム

〒105-0003
東京都港区西新橋2-23-1　3東洋海事ビル
編集局　TEL：03-5425-6627
営業局　TEL：03-5425-6626　FAX：03-5425-6770

印刷・製本　中央精版印刷株式会社

Printed in Japan ISBN 978-4-7762-1201-0